ハリウッド白熱教室

Hollywood Hakunetsu Kyoushitsu

アメリカ、ハリウッド。

映画の都として誕生してからおよそ1世紀。サイレント映画に始まり、最新3Dの映画まで、途方も無い数の作品が生み出されてきました。

そのハリウッドから目と鼻の先。ロサンゼルスのダウンタウンに、南カリフォルニア大学があります。アメリカ西海岸で最も古い歴史を持つ私立大学です。この大学で、全米一のレベルと実績を誇るのが映画芸術学部。卒業生の多くは監督、カメラマン、脚本家、プロデューサーなど映画産業に進みます。

現在、ハリウッドで活躍する卒業生の数は1万人以上。これまで50人を超える卒業生が映画界の最高栄誉アカデミー賞を手にしています。キャンパスには、ジョージ・ルーカスやロバート・ゼメキスなど、この大学で学んだ巨匠たちが寄付した校舎が立ち並びます。

映画製作を目指す学生たちに、一から基礎を教えるのがドリュー・キャスパー教授です。「ハリウッドの生き字引」と言われるキャスパー教授が、脚本、映像表現などさまざまな切り口から映画を分析。プロのまなざしで映画を見る方法を、役者顔負けのパフォーマンスで楽しく教えます。

―

今回、キャスパー教授は、番組のために、全5回の特別講義を用意しました。南カリフォルニア大学の学生だけでなく、ハリウッド在住の映画業界を目指す若者や、実際に映画製作に関わっている業界人も参加する特別講義です。脚本、ビジュアル・デザイン、撮影、編集、音響効果の5つの切り口からハリウッド映画を徹底解剖していきます。講義では、毎回、実際に名作映画のシーンを上映し、そこに込められた製作者の狙いやテクニックを読み解いていきます。

Contents

ドリュー・キャスパー教授

Dr.Drew Casper

映画と最初に出会ったときから、
私はその魔法のような力にとりつかれています。
映画は私に世界や人間のあり方を教えてくれました。
この講義を通して、1本の映画からこれまでと比べ物にならないくらい
たくさんのことを得られるようになってほしい。
これまで見過ごしてきた意味や意図に気づき、
映画に深くのめり込んでいくことができるはずです。
映画は綿密に作り込まれているからこそ、その見方を学ばなければ、
味わい尽くすことはできないのです。

第1回

脚本

SCRIPT

人生をストーリーにする

第1回のテーマは脚本です。なぜ私達は「物語」に感動するのか?
脚本家が生み出す、極上のストーリーのからくりを解き明かします。

Movies of Chapter 1

1——いつも2人で［1967］監督：スタンリー・ドーネン｜主演：オードリー・ヘプバーン、アルバート・フィニー

2——サンセット大通り［1950］監督／共同脚本：ビリー・ワイルダー｜主演：ウィリアム・ホールデン、グロリア・スワンソン

3——ショーシャンクの空に［1994］監督／脚色：フランク・ダラボン｜主演：ティム・ロビンス、モーガン・フリーマン

脚本と脚色の違い

キャスパー教授

――みなさん、こんにちは。これから、私の「映画論入門」の講義の特別編をみんなに体験してもらいたいと思う。

――南カリフォルニア大学での実際の講義は15回あるが、今回はそれを5回にまとめた初級編だ。映画について、脚本、ビジュアル・デザイン、撮影、編集、音響効果という5つの切り口から学んでいく。

――これらは映画を形づくる重要な表現だ。映画を映画たらしめているものだ。これらの表現に注目することで、どんな作品も、より深く味わうことができるようになるだろう。

――私の信条はこうだ。人生で何をするにしても、私たちはそれを味わい尽くすべきである。犬の散歩だって、そうすべきだ。ワインを飲むときだって、そう。法律を学ぶときだって、そう。恋愛をするときも、とにかく味わい尽くすべきだ。そしてもちろん映画もだ！

――では、さっそく講義を始めよう。初回のテーマは「脚本」だ。映画は脚本がなくては始まらない。シナリオとも呼ばれるね。映画製作において、最初に必要となり、最も重要なものとも言えるのが、この脚本だ。

——脚本には、おおまかに2つの種類がある。「**オリジナルの脚本**」と「**脚色**」だ。この2つの違いを説明できる人はいるかい？　どうだろう？　はい、君の名前は？

ダン　ダンです。

キャスパー教授　こんにちは、ダン。オリジナルの脚本とは何だろう？

ダン　オリジナルの脚本とは、作者のオリジナルなアイデアで書かれたもので……。

キャスパー教授　ダン、ちょっと待ってくれ！　オリジナルの意味を説明するのに、「オリジナル」という言葉を使っちゃダメだろう？

ダン　そうでした、すみません。じゃあ、脚色とは……。

キャスパー教授　待て、待て、オリジナルはどうなった!?　説明を飛ばしちゃダメだ！　君はまだ、「オリジナルの脚本というのはオリジナルなものです」としか言ってないじゃないか！　オリジナルとはなんだ？

ダン　「新しいアイデア」ということだと思います。

キャスパー教授　そう、その映画のためだけに書き下ろされた脚本ということだ。脚色とは違う。では脚色とは何だろう？

ダン　脚色とは、なにかもととなる別の素材があるものです。

キャスパー教授　その通り。では、映画の脚色に使われるのは、どんな素材や媒体だろうか？

ダン　短編小説とか、新聞記事とか、体験談でもいいはずです。

キャスパー教授　もっとあるね。長編とか、舞台とか、ゲームやコミックの原作もそうだ。

——脚色には、原作に忠実なものもあれば、かなり自由に物語を翻案したものもある。『マイ・フェア・レディ』[1]（1964）や『私に近い6人の他人』[2]（1993）は舞台劇に忠実に作られているが、1956年のSF映画『禁断の惑星』[3]は、シェークスピアの『テンペスト』を大胆に翻案したものだ。こんなふうに、脚色には原作に縛られているものと、そうじゃないものがあることを理解しておこう。

脚本に必要なもの

キャスパー教授　今日の講義では、3本の映画を取り上げるが、そのうち2つはオリジナルの脚本で、最後に紹介するのは脚色したものだ。

― まず、オリジナル脚本の例として、フレデリック・ラファエル[4]の脚本による『いつも2人で』(1967)と、ビリー・ワイルダー[5]が2人の脚本家と共同で書いた『サンセット大通り』(1950)を紹介しよう。脚色による映画としては、『ショーシャンクの空に』(1994)を取り上げる。スティーブン・キングの小説を、フランク・ダラボン[6]が脚色したものだ。

― では、そもそも脚本とはどういったものだろうか？ はい、君の名前は？

ポーリーン ポーリーンです。

キャスパー教授 脚本にはまず何が必要かわかるかな？

ポーリーン 登場人物です。

キャスパー教授 そうだ！ いいぞ、ポーリーン。脚本家は登場人物を提示する。観客は登場人物を通して映画を見るわけだ。で、彼らに何をさせる？

ポーリーン 会話をさせます。

キャスパー教授 「会話をさせる」、その通りだ！ ポーリーン、絶好調だね！ 登場人物には対話が必要だ。登場人物は対話をし、行動する。いつ、どこで？

ポーリーン　色々な場所で。

キャスパー教授　そう。場所が必要なら時間もだ。つまり場面設定だね。これで必要な要素が4つ出てきた。**脚本には登場人物、対話、行動（アクション）、そして場面設定が必要だ。**これらの要素をビジュアルと音声だけで記したものが脚本だ。文学作品との違いもそこにある。

―――

売れっ子が引く手あまたのハリウッド

キャスパー教授　――知っている人もいるだろうが、ハリウッドでは脚本が採用されると、クランク・インするまでのあいだ、何度も改訂版が作られることになる。そうして実に大勢の人が脚本に手を加えるようになる。

そのいい例が1995年公開の映画『ウォーターワールド』[7]だ。ピーター・レイダー[8]が書いたオリジナルの脚本をどの映画会社も欲しがった。90年代の初めに製作が決まり、3稿、4稿と書き改められた。そこへ、デビッド・トゥーヒー[9]脚本の『逃亡者』[10]（1993）が大ヒットした。すると「デビッドを連れてこい！『ウォーターワールド』の内容に興味がなくても構わない。あんな大ヒット作を書いた彼だから、きっとうまくできるはずだ」ということになった。そこでデビッドが5稿を書いた。

さらに次の夏には、『スピード』[11](1994)が公開され、話題をさらった。脚本家はジョス・ウェドン[12]だ。今度は、「ジョスを呼んでこい。この映画の主人公を気に入らなくても構わない。とにかく彼を入れるべきだ!」ということになった。

こうして、最終的に3人の脚本家[13]が集まった。『ウォーターワールド』の監督、ケビン・レイノルズ[14]は私の教え子だ。自己主張の強い監督で、彼も脚本に自分なりの手を加えた。さらに主役のケビン・コスナー[15]は映画の共同出資者でもあり、プロデューサーだった。だか

脚本に必要な4要素

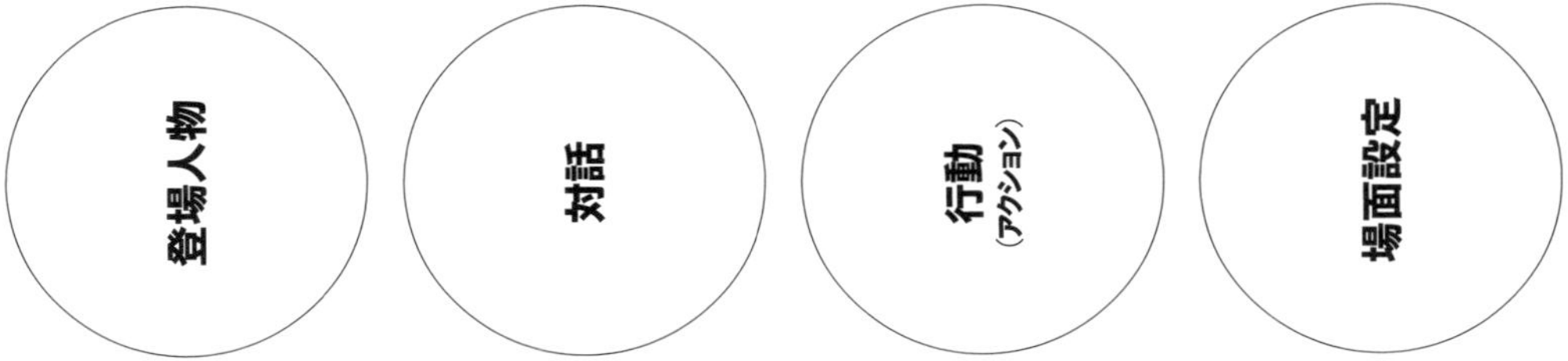

ら彼も当然のように脚本に手を加えてきた。

昔のハリウッドといえば？

キャスパー教授 —— では、名監督ヒッチコック[16]と脚本家との関係はどうだろう。1930年代から40年代にかけて、業界で最も力のある脚本家の一人がベン・ヘクト[17]だった。ヘクトはヒッチコックのためにいくつもの脚本[18]を書いた。ヘクトに『汚名』[19](1946)の脚本を書かせたとき、ヒッチコックは、まず自分のプランを事細かに指示した。「ここは、こういうふうに。ここはこう」という具合に。ヘクトがそれを場面に仕上げて、「これでどうですか」と見せる。するとヒッチコックは、「ここがダメだ。これは良い」と、さらに修正をうながす。持ち帰ったアイデアをヘクトがさらに練って、ヒッチコックに見せる。こうした脚本家とのやりとりがヒッチコックの一番の楽しみだった。これが半年も続くんだ。高級なワインとおいしい料理を肴《さかな》にね。

—— うまい話だけでは片手落ちだから、悲惨な例も紹介しておこう。パディ・チャイエフスキー[20]は『マーティ』[21](1955)、『ホスピタル』[22](1971)、『ネットワーク』[23](1976)で3度もアカデミー賞に輝いた名脚本家だ。しかし彼が書いた『アルタード・ステーツ／未知への挑戦』[24]（1980）では、監督のケン・ラッセル[25]とそりが合わなかった。その結果、どうなったか知ってるかい？

ウィル　チャイエフスキーはクレジットに名前を出すことを拒否しました。

キャスパー教授　その通り。「私の脚本と違うから、名前を外してくれ」と言ったんだ。名脚本家だって、時にこんなひどい扱いを受ける。君たちも覚悟しておくがいい。

脚本家はなぜ尊重されないのか

キャスパー教授　ここで、ハリウッドにおける脚本家の歴史をおさらいしておこう。ハリウッドでは、「脚本家」という言葉には常に重みがあった。サイレントの時代からすでにそうだった。

―　しかし、トーキーによって脚本家がサウンドトラックにセリフを追加するようになると、映画人は、脚本家と彼らが書くものに、極めて重要な意味があると悟るようになったんだ。

―　そしてニューヨークから一流の劇作家を招聘《しょうへい》するようになった。「ニューヨークは世界の中心だ」、「ニューヨークはアメリカの出版業界の中心であり、演劇界の中心だ」、「君はブロードウェイの脚本家なのか？　すごいじゃないか！　どのリハーサルでも、演出家やスターと一緒に前から5列目に座るんだろう」。

――ブロードウェイでの劇作家の地位とは元来そういうものだ。だがハリウッドでは違う。ハリウッドの人間も、脚本家が重要かつ有力な存在であることは分かっている。でも映画製作はセックスみたいなものだ。つまりどちらが主導権を握るか、という話だ。プロデューサーや監督は、脚本家の存在を我慢できても、権力を手放す気はない。そこで彼らは、脚本を何回も繰り返し検討する。そうやって脚本家の権力を奪うんだ。

――ではなぜハリウッドでは脚本家に権力を与えないのか。それは、映画を作る人間の誰もが、自分のことを脚本家だと思っているからだ。自分だって言葉を使う。脚本家は言葉を使うが、自分だってメモを書く。「書く」ことになんら変わりはない。自分が撮影監督や映画編集者だとは考えないが、誰もがみな脚本家だとは思っているわけだ。

――**児童虐待ドラマがラブコメに？**

キャスパー教授　君たちは若いから知らないだろうが、1981年に話題を呼んだ、児童虐待がテーマの痛ましいメロドラマがあった。6歳の子どもを抱えて再婚したやもめの話だ。2度目の妻は、その男の子をとてもかわいがった。「ミルク飲む？　クッキー食べる？　抱っこしてほしい？」。ところが2人きりになると、妻は言葉や肉体の暴力をふるって子どもを虐待した。時代をはるかに先取りする脚本だった。

——ある製作会社がこのドラマに目をつけ、映画用の脚本開発に乗り出した。成果は7年後に現れた。多くの脚本家が関わった末に、映画は完成したんだ。痛ましいメロドラマのはずが、公開はクリスマスシーズンだった。題名を知っている人はいるかい？

ポーリーン　『プライベート・ライアン』[26](1998)ですか？

キャスパー教授　……何だって？

ポーリーン　ジョークですよ！

キャスパー教授　なるほど『プライベート・ライアン』か！　悪くないジョークだ。でも、実際のタイトルはさらに笑止千万ものだ。正解は『花嫁はエイリアン』[27](1988)だ！　何年もかけて気楽に笑えるラブ・コメディに生まれ変わったんだ。

脚本家が提示するもの

キャスパー教授　業界への苦言はこれくらいにして、これからは脚本を書く素晴らしさについて話していこう。まず脚本家は、映画のタイトルを考える。映画は題名だけで、その内容やメッセージを伝えられることがずいぶんある。だから注目が必要だ。さらに脚本家は、映画の「**主題**」と「**テーマ**」を決めることができる。「主題」と「テーマ」の違いとはなんだろう？ ダン、主題とは何だろう？

ダン　何についての映画かということです。

キャスパー教授　そう。脚本家はまず「**何について**」の**映画かを決める。**では、テーマとは何だろう？

ダン　メッセージですか？

キャスパー教授　そうだ。脚本家が**その主題についてどう考えるか**、ということだ。トリュフォー[28]が、たとえば、木を主題にした映画を作るとしよう。その場合、テーマは「喜び」だ。ヒッチコックも木を主題に映画を作るかもしれない。その場合、テーマは「誠実さ」かもしれない。このように、脚本家はタイトルや主題やテーマを提示する。

ストーリーと説明の違い

キャスパー教授――脚本家が提示するものは他にもある。それが何かを君たちに教える代わりに、これから2種類の文章を披露しよう。聞き比べて、2つの違いについて考えてみてほしい。

――1番目はこうだ。『父が亡くなった。雨が降っていた。母は食べた。父の追悼ミサが行われた。父が亡くなって2週間後に母も亡くなった』。

――では、今の文章と次の文章の間にはどんな違いがあるだろうか?

――『父は南フィラデルフィアの波止場で働いていたが、ある日、仕事中に突然、死んだ。8月末のことだった。父が死んだとき、雨が降り出した。まるで空が涙を流すかのような土砂降りだった。南フィラデルフィアの夏はいつだって暑いが、そのときは雨のせいでいっそう蒸し暑かった。母は悲しみと絶望のあまり、ひたすら食べ続けた。父は埋葬され、教会で追悼ミサが行われた。ミサの日は晴れわたり、まばゆい光に照らされた天使たちが父を天国に歓迎しているかのようだと神父が語った。教会はそのような温かさに包まれた。父は善人で、天国へ召されたのは疑いのないことだった。しかし、葬式が終わっても、母は食べて食べて食べ続けた。それが原因かどうかは分からないが、やがて母も帰らぬ人となってしまった』。

――さあ、最初の文章と2番目の文章の違いは何か、簡潔に説明してくれ。はい、君は？

アンディ　アンディです。

キャスパー教授　こんにちは、アンディ。元気かい。

アンディ　はい、とても！

キャスパー教授　では、答えて。

アンディ　1番目の文章は単なる説明です。基本情報だけです。1、2、3と順に説明しているだけです。2番目の文章はもっと文学的です。情緒的で、スタイルがあって、情景がまざまざと目に浮かぶようです。

キャスパー教授　すばらしい答えだ。最初の文章は出来事だけだ。不規則な偶然の羅列だ。アンディが言うように感情が一切ない。ガサガサだ。しかし2番目の文章は違う。アンディは、「スタイル」という言葉を使ったけど、「ドラマチック」ということもできる。文章に感情が込められ、話に共感することができた。つまり、2つめは、「ストーリー」になっているんだ。

ストーリーあっての人生

キャスパー教授

このように脚本家によって提示される、とても重要なものが「ストーリー」だ。人生は日常的な、決まりきった出来事で溢れている。誰にでも起こる、ありふれた事柄の繰り返しだ。しかし、そうしたもののなかにも、実は豊かな意味合いや、複雑さ、奥深さが潜んでいるかもしれない。でもそれに私たちは気がつかない。毎日が忙しすぎるからだ。

——人生は偶然にも満ちている。突然の出来事などだ。それはときに、人生において大きな意味を持つこともある。でも、こうした偶然にも、私たちは充分に注意を払って生きていない。

——では、どんなときに私たちはこうしたありふれたことや、偶然起きたことに対して注意を払い、その意味を考えるのだろうか？

——それを「思い出したとき」だ。記憶をたどって、ささいな出来事を思い出す。そのとき初めて、君たちは日常のありふれたことに潜んでいた意味や奥深さに気づくようになる。

――大切なのは、どのように思い出すかだ。**日常や偶然の出来事をどうやって記憶から呼び覚ますのか？　それはストーリーとして、物語の形で思い出すはずだ。**

――一つ例を挙げよう。アンディ、聞いてるね？　たとえば、君が今日ここにバイクに乗って来たとしよう。そして、ウェスタン・フランクリン通りでトラックと衝突事故を起こした。君は血まみれだ。でも、君は私にどうしても会いたくてたまらなくて、他のことは気にせずに急いで席に着いた。でも君は血まみれのままだ。バイクは乗り捨ててきた。隣の君、名前は？

ロバータ　ロバータです。

キャスパー教授　ロバータは、アンディが血まみれのまま席に座って私を待っているのを見ている。彼女は血まみれで、取り乱しているようだ。では、君は彼女にどんな声をかける？

ロバータ　「大丈夫ですか？　何か私にできることは？」

キャスパー教授　あるいは、「どうしたんですか？」とかかな。

ロバータ　「どうしたんですか？」

キャスパー教授　そう聞かれてアンディは何と答える？

アンディ　何があったかを順番に説明するしかないですね（笑）。

キャスパー教授　じゃあ、やってみて。

アンディ　私はバイクでウェスタン・フランクリン通りを右折するところでした。運転には慎重なほうなので、ちゃんと左右を確認しました。ところが、曲がろうとしたとき、赤信号を無視した車が突っ込んできたんです。

キャスパー教授　でも、それは事故の時点ではわからない。今思い出したからわかったんだ。事故が起きた瞬間、何が起きたかわかったかい？

アンディ　いいえ。

キャスパー教授　一瞬の出来事だ。偶然の出来事とはたいていそういうものだ。でも後になって、その出来事と向き合わなきゃいけない。それを可能にするのが、「ストーリー」だ。**立ち止まって、人生をストーリーの形で回想することで、日常や偶然に潜んでいるものを理解することができる。**これはとても大切なことだ。そして、映画とは、脚本とは、そういうストーリーを与えてくれるんだ。

脚本家は〝魔法使い〟

キャスパー教授――みんな、2012年に公開されたあのすばらしい映画をどう思うかな。アン・リー[29]がアカデミー監督賞を受賞した『ライフ・オブ・パイ／トラと漂流した227日[30]』だ。あの映画の主題は、ストーリーの大切さだ。ストーリーを語ることで人は救われる。危機から抜け出し、平凡なものにも非凡な側面を見出すことができる。恐ろしい出来事を回想し、ストーリーとして構成することができる。それはとても大切だ。脚本家はタイトル、主題、テーマに加え、ストーリーも提示するんだ。

――こういう言い方をしようか。言葉を並べてストーリーを語ると、魔法が起きる。アンディがさっきの2番目の文章に感動したと言ったのは、つまり、あの文章が彼女の心を動かしたということだ。これが魔法だよ。私が感じたことを言葉にした。それが彼女の心を動かした。最初の文章は彼女の心を動かさなかったが、2番目の文章は動かした。魔法の力を持っていたからだ。

――**脚本家、ストーリーテラーは魔法使いだ。**なぜなら、ストーリーを語ることで、日常の習慣、例えば歯磨きの中にさえ、深遠な意味を示すことができるからだ。ストーリーを通して、観客に悲しみを受け入れ、喜びへと向かう術を教えることもできる。

かつて未開の文化では、語り部たちが、毎晩、人々をたき火のまわりに集め、部族の歴史をストーリーにして語ったものだ。それによって部族の民は、自分たち自身のことを理解し、世界の中での自分たちのありようを理解することができた。ストーリーがなかったら、私たちは人として生きていけないんだ。

―

ストーリーの構成法

――キャスパー教授

では、話を戻そう。まず人生があり、それを書き手がストーリーにする。そして映画にする場合は、脚本家はストーリーを、映画というメディアがもつ構成要素やスタイルに置き換える。それを「**プロット**」という。どんな作品にもプロット、つまりあらすじがある。プロットに必要なのは「**因果関係**」だ。あるプロットは別のプロットと因果関係で結ばれ、空間と時間において、互いに関連していなければならない。それによって連続性が生まれる。

プロットにおいて、夢や目標を追い求めるキャラクターを「主人公」という。そして、主人公の邪魔をするのが敵役だ。敵役は1人のこともあるし、大勢の場合もある。人間ではなく、自然環境や制度が敵役の映画もある。主人公と敵役の間には、「対立」が起こる。対立はいつだってドラマチックだ。自分が当事者でなければ、「対立」は実に楽しいものだ。

対立をアクションとして構成するには、出来事の選別が必要になる。Aを選ぶときは、観客がBに進みたがるように、Bを選ぶときはCへ進みたがるようにする。これが「サスペンス」だ。サスペンスを加えることで、全体の一貫性を保つようにするんだ。

そうして、対立が次第に激しさを増し、ピークに達するときが、「クライマックス」だ。対立の最大の瞬間、クライマックスの場面で、観客は、主人公が目標を達成するのか、はたまた夢破れて挫折するのかを知ることになる。最後にはもちろん結末が必要だ。ハッピーエンディングもあれば、悲劇的な結末もある。不確かな終わり方もあれば、はっきりとしたものもある。いずれにせよ、なんらかのオチが必要だ。

物語の構造分析

キャスパー教授　こんな風にプロットの様々な要素が集まって、ある特定の構造を形成するところに物語の面白さがある。冒頭部分では、ある場面設定のもと、夢や目標を抱くキャラクターが紹介される。中間部分では、キャラクターが目標を達成しようとして敵役に阻まれる。そしてエンディングだ。こういう構造を「**直線構造**」と呼ぶ。古典的構造とも、アリストテレス的構造と呼ぶこともある。21世紀だというのに、映画の講義でアリストテレスの登場だ。アリストテレスはいつの時代の人だろうか?

ダン　古代ギリシャです。

キャスパー教授　古代ギリシャといっても長い。いつごろだか知っているかい?

ダン　紀元前500年頃でしょうか。

キャスパー教授　おしいね。紀元前384年から322年だ。いずれにしても大昔だ。そのアリストテレスがプロットの直線構造を明らかにした。一体どうやって思いついたんだろう。彼は脚本家だったのか? もちろん当時は映画なんてない。じゃあ戯曲か。あるいは小説か。どうやって直線構造を知ったのか？ アンディ、分かる？

アンディ　人生の構造を参考にしたんだと思います。

キャスパー教授　君ねぇ……。人生の構造は、冒頭、中間、エンディングという具合には理解できないだろう。中間がいつかなんて分からない。エンディングがいつかもだ。人生をそんな構造では理解できない。少なくとも私の人生では無理だよ。冒頭の頃なんて記憶にない。今は中間にいるのか、それともエンディング近くなのか？ この後、いつ人生が突然終わるかなんて分からない。まあ、分からない方がいいけどね。

――　では、アリストテレスはどうやって思いついたんだろうか。

ダルーシュ　芝居ですか？

キャスパー教授　そう、芝居から思いついたんだ。彼は悲劇作家ソフォクレスの『オイディプス』を見て、エウリピデスを見た。これらの芝居が書かれたのはいつ？ 彼が生きていた時代？

ダルーシュ　いくつかの作品はそうだったのでは……。

キャスパー教授　いや、すべて彼が生まれる以前に書かれたものなんだ。何がアリストテレスを惹きつけたのだろう？ 生まれる100年近く前に書かれた作品だ。何度も何度も繰り返し上演されたものだ。劇団が村をまわり、人々はオイディプスの悲劇に夢中になる。涙を流し、そして不安でいっぱいになる。次の日も上演される。同じ客がまた見にきたかもしれない。そしてまた涙を流す。アリストテレスは思った。
「この傑作の何が、観客をこれだけ惹きつける力を持っているんだろう。あらゆる芝居やあらゆるストーリーが参考にすべきポイントは何だろうか」。そして、これらの作品にはしっかりした冒頭、中間、そしてエンディングがあることに気がついた。その理解をプロットの中に定義したんだ。

直線構造（古典的・アリストテレス的構造）

複雑になる物語

キャスパー教授　直線構造ないしアリストテレス的構造は、今なお有効だ。『サンセット大通り』は直線構造だ。『ショーシャンクの空に』も直線構造だ。しかし、人間の生き方が進歩したわけじゃないが、古代の劇作家が見ていた世界と比べ、私たちの世界はより多様になり、より混沌としてきている。

―　だから、舞台でも小説でも映画でも、やがて作り手たちは、直線構造に飽き足らなくなってきた。物語を最初から順番に語らずに、飛び飛びで、エピソードごとに語ることも増えてきた。

―　次回の授業で取り上げる『若草の頃』（89頁参照）はそのよい例だ。始まりは夏の数日間の休暇だ。それから登場人物の卒業パーティー、ハロウィーン、クリスマス、春のセントルイス万博と、季節をめぐるようにエピソードが続く。

―　こうした「**エピソード構造**」をさらに進化させたのが「**コンテクスト構造**」だ。MTVの番組やそれに近い『ピンク・フロイド　ザ・ウォール』[31]（1982）のような映画は、たいていこの構造を用いている。「コンテクスト構造」の場合、時系列的な展開は退けられ、共通の雰囲気やテーマといった文脈ごとの結びつきで物語が展開される。

いつも2人で――現代映画の典型例

キャスパー教授 ―― 今日の講義で最初に見る映画も、コンテクスト構造を用いている。スタンリー・ドーネン[32]監督と脚本家フレデリック・ラファエルが作った映画『いつも2人で』だ。妻ジョアンナと夫マークのおよそ10年にわたる関係を扱った映画で、出会いから離婚の危機にいたる年月を描いている。ジョアンナを演じるのはオードリー・ヘプバーン[33]。マーク役はアルバート・フィニー[34]だ。この映画がユニークなのは、夫婦の変化を順番に描いていないところにある。脚本家は2人の人生の5つの時期をピックアップし、ごちゃ混ぜに構成した。第3期のあとに第5期、次いで第1期、それからまた3、2、4という風に、ごちゃ混ぜに進んでいく。2時間の上映時間中、文脈(コンテクスト)ごとに時代が行ったり来たりするんだ。それでもストーリーが崩壊しないのは、登場するのがずっと同じ夫婦だからだ。2人はいつも旅に出ていて、フランスの田舎をドライブしている。

大事なことは、映画を理解しようと思ったら、プロットを理解しなくてはいけないのは当然だが、しかし、プロットだけでは映画を深く理解することはできないんだ。「脚本家がどういう構造を使っているか」も考えなくてはならない。直線構造なのか。エピソード構造なのか。コンテクスト構造なのか。それには必ず理由がある。**世界を、直線として提示する場合と、文脈ごとに提示する場合とでは、世界の見え方が全く違ってくる**からだ。

では、『いつも2人で』からの抜粋を見てもらおう。脚本家が使っている構造に注目して欲しい。そのことが、どういう効果をもつのか、どういうテーマを伝えるための構造なのか考えてほしい。ではさっそく見てみよう。『いつも2人で』だ。

――映画「いつも2人で」

コンテクスト構造の具体例

キャスパー教授　さあ、今見た2分程度のシーンにも、3つの時期が出てきた。なぜこういう形でストー

1967

いつも2人で | Two for the Road

[1]————友人夫婦と共に、ステーションワゴンで旅する
マーク(フィニー)とジョアンナ(ヘプバーン)。
暑い車内に乗り込み、一同うんざりしているところで、マークがワゴンを発車させる。
「お腹すいた」と言う夫婦の娘を、マークは冷やかに見る。(第3期「夫婦」)

[2]————湖畔の道。若い頃のマークとジョアンナがヒッチハイクで車をつかまえようとする。
ワゴンが走り去り、マークは「2人だからいけないんだ」と言う。
次に来た車にも無視され、「僕なら1人のヒッチハイカーは必ず乗せる」と天を仰ぐ。
最後に白いベンツが走ってきて、マークは親指で合図する。(第1期「出会い」)

[3]————[2]と同じ道を走るベンツがヒッチハイクする男女を追い越していく。
乗っているのは中年になったマークとジョアンナ。
運転するマークは狭い林道で、前を走る車をむりやり追い抜く。
その乱暴な運転がもとで口論となり、
停車したベンツからジョアンナが降りてしまう。(第5期「離婚の危機」)

- この場面では、各時期の変わり目に同じ車([1]-[2]フォードのステーションワゴン、[2]-[3]白いベンツ)が登場し、異なる時代をつなぐ重要な役目を果たしている。

[**いつも2人で**]
監督=スタンリー・ドーネン。
主演=オードリー・ヘプバーン(ジョアンナ)、アルバート・フィニー(マーク)。
歳月を経て様変わりする夫婦関係を、
時間軸を交錯させながら描くユニークなラブ・ストーリー。
[DVD発売中 価格:¥1,800+税 | 発売元:20世紀 フォックス ホーム エンターテイメント

リーを語るのか。なぜ出会いから夫婦の危機までを順番に語らないのか。誰か答えられるかい？　どうして時代ごと、文脈ごとにばらばらな構造にしているのだろうか？　［手を挙げない学生を見ながら］どうした、誰も手が挙がらないな。では、君。

マイク　この映画を見たことはないのですが、脚本家と監督にとって、この映画のテーマは「旅」だったのではないかと思います。２人の運命というより、「旅」に注目させていると思います。

キャスパー教授　「旅」はひとつのポイントかもしれないね。結婚は旅だ、ともいえるかな。**時期を5つに分け、それぞれの時期に2人が旅先で同じような場面や状況に出会うことが、この構造を通して強調されているんだ。**今のは良かった。他にはどうだろうか。はい、君の名前は？

スコット　スコットです。

キャスパー教授　スコット。他に理由は？

スコット　それぞれのシーンが登場人物の思い出のように描かれている気がします。

キャスパー教授　「思い出」……スコット、自分では気づいてないかもしれないが、君は天才だ！　この映画はコンテクスト構造を使うことによって、人間の関係において「思い出」がいかに大切なものかを物語っている。特に関係がこじれたときには、いい時期の思い出は大切な力になる。

素晴らしい答えだ。

— もし時系列に沿ってストーリーを語っていたら、この点はこれほど強調されなかっただろう。2人は現在、旅をしているが、いつも過去を振り返っている。ほとんどが回想シーンだ。**脚本家は極めて主観的な映画を作りたかった**、ともいえるだろう。2人の視点から語りたかったんだ。では、思い出以外に強調されるテーマはあるかい？ ポーリーン、どうぞ。

ポーリーン こういう語り方をすることで、人生の移り変わりを強調しているように思えます。

キャスパー教授 お見事！ 人生や夫婦の関係はいつも移り変わっていく。その起伏を対比して語っている。良いときもあれば、悪いときもあるということだ。今のも良い意見だった。他には？ で

「いつも2人で」の5つの時期

はベンジャミン。

ベンジャミン　偽善や気まぐれを表現できます。彼のセリフでこういうのがありました。「僕なら1人のヒッチハイカーは必ず乗せる」。でもその後の彼は、高級車に乗って、ヒッチハイカーを無視して走り去りました。

キャスパー教授　そう。雰囲気や状況をころころ変えることができるということだ。それによってユーモアが生まれる。サスペンスを加えることも可能だ。この構造をとることで、ユーモアやサスペンスを生み出すことができる。

――もう1つ付け加えると、時期が変わっても、変わらないこともある。一例として、会話のやりとりが挙げられる。この映画ではどの時期にも、繰り返し同じセリフが登場する。例えばレストランでのシーンに登場する。

――「食事中に押し黙って、どういう2人だ？」

――「夫婦でしょ！」

――こんなやりとりだ。こうして物語や関係の「連続性」を強調することもできるんだ。

――こうした要素はどれも、コンテクスト構造を使ったからできたことだ。直線構造では難しい。このように脚本でどんな構造が使われて、それがなぜかはよく考える必要がある。

複数のストーリーを同時に語る場合

キャスパー教授　複雑な構成を理解したところで、もうひとつ付け加えておこう。脚本家が直線、エピソード、コンテクストといった構造を用いる場合、それぞれの構造の中でストーリーを展開するための「**コンフィギュレーション**（**場面配列**）」を決めなければならない。時系列に沿って語ることもあれば、徐々にさかのぼったり、時間軸を前後させることも考えられる。こうした一連の構成を「**ナラティヴ**」というんだ。

—　ときには、一度に2つか3つのストーリーを同時に語ることもある。すると話があちらこちらと飛び交いながら進んでいく。

—　良い例が『ショーシャンクの空に』だ。まず主役となる囚人2人、モーガン・フリーマン[35]演じるレッドと、ティム・ロビンス[36]演じるアンディの話がある。しかしその合間に、自殺する老人ブルックスの話と刑務所長に殺されるトミーの話が挿入される。複数のストーリーが並行して進むように場面が配列されているんだ。これが、フランク・ダラボンが考えだしたナラティヴだ。メインとなる話の中に、別のエピソードを織り交ぜるんだ。

――ナラティヴにはさまざまなやり方があって、登場人物ではなく「主観と客観」だったり、あるいは「意識と無意識の状態」の話が並行して進められることもある。

サンセット大通り――反転する直線構造

キャスパー教授　では、ここで『サンセット大通り』を見てみよう。この映画で、ビリー・ワイルダー監督は直線構造を使っているが、そのナラティヴは非常に洗練されている。彼は**物事を最初から順序よく並べずに、逆から語り始めるんだ**。では『サンセット大通り』のオープニングを見てみよう。なぜ時系列に語らないのか。その理由や意味について、見た後に質問しよう。

――映画「サンセット大通り」

キャスパー教授　ご覧の通り、この映画では、物語は現在から未来に向けて進まない。出だしは現在だが、

1950 **サンセット大通り** | Sunset Boulevard

[1]——閑散とした通りにサイレンが鳴り響き、
「ここはロサンゼルス。サンセット大通り。午前5時」と男性のナレーションが始まる。

バイクに先導されたパトカーがやってきて、後続の車輛が追いかけていく。

ナレーションの続きから、殺人現場に向かう刑事や新聞記者の列だとわかる。

[2]——大邸宅に到着する車輛。警官や新聞記者が降りてきて、
プールに浮かぶ若い男の死体を発見する。報道カメラマンのストロボが焚かれる。

これら一連の光景にナレーションが重なり、

「事件の関係者の1人は往年の大スターだ。

新聞記事では読めない真実を僕が語ろう」などと告げる。

また、「男はB級映画の脚本家」だと明かされる。

[3]——「最初から話していこう。発端は半年前。僕はアパートに住んでいた」
というナレーションと共に場面が転換し、
部屋でタイプライターを叩くジョー(ホールデン)が映される。
[2]でプールに浮かんでいた死体と同じ人物であることから、
「プールの死体=ジョー=ナレーター本人」であることがわかる。

[**サンセット大通り**]

監督・共同脚本=ビリー・ワイルダー。

主演=ウィリアム・ホールデン(ジョー)、グロリア・スワンソン(ノーマ・デズモンド)。

売れない脚本家ジョーと往年の大女優ノーマ・デズモンドとの爛れた愛を通して、
ハリウッドの栄光と悲惨を描いた作品。

死人がナレーションを務めるという、大胆な話術が駆使されている。

脚本は、監督とチャールズ・ブラケット、D・M・マーシュマン・ジュニアの3人による。

[Blu-ray発売中 価格:¥2,381+税 | 発売元:パラマウント・ジャパン]

チャールズ　それから過去にさかのぼり、最後にはまた現在に戻ってくるんだ。これはなぜだろうか？
キャスパー教授　主人公がどういう結末を迎えるのかを、あらかじめ観客に見せたいからです。
チャールズ　その通りだが、それはなぜ？　どういう理由があるのだろう？
キャスパー教授　彼の人生の最後の6カ月の話だと知ることができるからでしょうか。
ランス　それは、「なぜ」についての答えになっていないよ。ではランス。
キャスパー教授　好奇心をかきたてるためですか？
スコット　そうだ！　サスペンスの要素が増すんだ。なぜ彼の死体がプールに浮かぶ羽目になるのか？　そこにサスペンスが生まれる。他にはどうだろう？　スコット。
キャスパー教授　最初に主人公は脚本家だという話が明らかになって、彼が原稿を書いているシーンがあります。脚本家は時間を自在に操れるわけだから、そういうことと引っ掛けて描いているような……。
ラッセル　おいおい、少し難しく考えすぎだ。ラッセルはどう思う？
キャスパー教授　悲劇的なイントロにするためです。
これは単なる悲劇じゃない。私はあまり悲劇的な映画は取り上げない。メロドラマはたっぷりやるけどね（笑）。だから悲劇的なイントロは必要ないんだ。

―　では、冒頭でどんな効果を狙っているのだろうか？　物語は1人の男性によって語られる。どんな男性だ？

ロバータ　野心家です。

キャスパー教授　そうだ。しかし彼の野心はどうなる？

ロバータ　プールで最期を迎えます。

キャスパー教授　野心はついえるわけだ。冒頭に紹介されるのは、非常にシニカルで、陰のある、皮肉めいた人物だ。彼は物語をシニカルな視点から提示しようとしている。なにせ溺死体になっているんだから。もう死んでいるんだ。人にどう思われようと、もうどうでも良いと思っている。そんな彼のシニカルで辛辣《しんらつ》で、皮肉な人生の告白として映画はスタートしているんだ。

ロバータ　この冒頭で、映画全体の雰囲気を決めているのではありませんか？

キャスパー教授　雰囲気を決める。上手い言い方だね。「好奇心をかきたてる」という意見も良かった。なぜこんな死に方をしたのか、観客は先を見たくなる。そういう効果もあるね。

プロットの要素［1］――登場人物

キャスパー教授　次はプロットの要素を考えていこう。まずは登場人物だ。脚本家は登場人物の性格をセリフやアクションによって表現する。他にはどんな表現の仕方があるだろうか？

ベンジャミン　登場の仕方とか。

キャスパー教授　それはアクションの一部だ。アクション以外で主人公の特徴をわからせるにはどうする？君は？

ローレン　衣装やヘアスタイルに特徴を持たせます。

キャスパー教授　衣装や髪型で表現する。とてもいい意見だ。

ローレン　つまり見た目です。

キャスパー教授　俳優の見た目だね。他に、映画特有の要素はあるかな。

ジャック　たとえば、声や話し方は？

キャスパー教授　そうだね、それもいい。俳優の話し方ね。みんなは意識して見たことはあるだろうか？実に映画の50％か60％のシーンで――まあ、これはちょっとおおげさだが、私はそもそもおおげさな人間なんだ――俳優は何も言わず、何もしない。リアクションと沈黙があるだけだ。これは映画特有だ。例えば小説では、無言だったら何も表現できない。でも映画では、リアクションと沈黙は重要だ。

プロットの要素［2］――場所と時間

キャスパー教授　次は、「場面設定」の話だ。場所と時間だ。どこで、そしていつ。場面設定によってもキャラクターを表現できるんだ。

――　まず時間設定には3つの要素がある。何だと思う？　時間を設定する3つの要素を言えるかい？

ポーリーン　日付ですか。

キャスパー教授　日付とは？

ポーリーン　時期のことです。

キャスパー教授　いいだろう！　映画の時代設定だ。『サンセット大通り』は50年代。『いつも2人で』は、50

年代から60年代にかけてだ。では他に時間設定の要素は?

ポーリーン　1日のうちの時間。朝とか、夕方とか。

キャスパー教授　残念だが、それは内容を理解する手がかりにはならない。もう少し意味のある時間設定は?

ダン　季節ですか?

キャスパー教授　そうだ! 季節は何かを物語るからね。季節が2つめ。では時間設定の3つめは何だろうか? 時代設定と季節と……。

ロバータ　登場人物の年齢。

キャスパー教授　いや、違う。それはキャラクターの設定だ。ベンジャミン。

ベンジャミン　期間ですか。

キャスパー教授　そう、物語が続く期間だ。『ショーシャンクの空に』は20年以上。『いつも2人で』はおよそ10年。『サンセット大通り』は半年。これも重要な要素だ。

「物語の視点」を見極める

キャスパー教授　では、脚本の特徴についてもう一つ、「物語の視点」を取り上げよう。つまり、ストーリーを語り、語られる視点だ。これは、映画が文学から取り入れた要素だ。

――たとえば文学では、「神の視点」がある。「一人称」もあるし、「三人称」、「複数の視点」などで語ることも可能だ。

――ベンジャミン、君は話し上手に見えるから、ちょっと実験させてくれ。物語を作ってみてほしい。色々な視点を使い分けてストーリーを語ってくれないか。

――まずは「神の視点」からストーリーを語ってみてくれ。観客は、「暴力」と「セックス」が大好きだから、そうした要素を少しばかり入れると、みんなも喜ぶかもしれないよ。

ベンジャミン　［少し考えながら］キャスパー教授は映画の講義をしている。ついさっき、隣の部屋でセックス……いや、暴力的なセックスをしたばかりだった［教授・学生一同笑］。しかし彼は知るよしもないが……。

キャスパー教授　よし、今のが神の視点だ。今度は一人称でやってみて。

ベンジャミン　あの……。

キャスパー教授　一人称の語り出しは、「あの」ではなく、「私は」だ。

ベンジャミン　私はすっかり緊張して、落ち着きが保てない。おや、この女性は誰だろう？　とてもキレイだ。

キャスパー教授　今のが一人称だ。内容はひどいがね。まあ、いい（笑）。では、次は三人称だ。

ベンジャミン　ドリュー・キャスパー教授は部屋の中でセックスをしている。それは、月曜の朝の事だった

［詰まってしまい、続きが思いつかない］……こんな話にしなければよかった！

キャスパー教授　じゃあ別の話でも構わないよ（笑）。話を変えてみよう。

ベンジャミン　さっき出たバイク事故の話なんてどうですか。三人称で。

キャスパー教授　わかった。ではもうセックスネタはいい。バイオレンスだけにしよう。

ベンジャミン　朝、アンディがバイクを走らせていると、トラックが突っ込んできた。

キャスパー教授　ＯＫ。これが三人称のなかの「彼女」の視点、客観的視点だね。じゃあ、彼女以外の人物を登場させて複数の視点はできるかい？

ベンジャミン　道路を走るトラックはどんどん加速していく。私が見下ろすと、そこにはバイクが走っていた。バイクに乗った私は左右を確認し……。

キャスパー教授　それじゃあ一人称だ。複数の視点とは違う。例えば、通行人の視点を混ぜて。

ベンジャミン　トラックの運転手は携帯電話を見つめていた。そしてバイクの女性はトラックの方を見ずに交差点に進入して、衝突した。

キャスパー教授　その後、「現場には警官がいて、大声で叫んだ……」という具合に展開されていくのが三人称複数の視点だ。どうもありがとう、ベンジャミン。たいしたもんだ。突然にしては上出来だよ！

「視点」から脚本家の狙いを読み取る

キャスパー教授　さて、映画では大抵、神の視点から語る。登場人物が何を考え、何を感じているのか、他の人物がそれについてどう考え、どう感じているかを、神の視点から見せてくれる映画が多いんだ。

—　しかし、一人称の視点から語られることもある。この場合は普通、その人物の姿がスクリーンに登場した時点で、人物は客体化され、ストーリーの中で「彼」として語られるようになる。でも観客は依然、彼、もしくは彼女の視点からストーリーを見続ける。つまり、一人称のナレーションで語られ、やがてその声の持ち主が画面に登場するという形になるんだ。

——三人称で始まったストーリーに外部の視点を付け足すことは、難しいができないわけじゃない。例えばマーティン・スコセッシ[37]の『エイジ・オブ・イノセンス』[38](1993)はその良い例だ。あの映画では、ジョアン・ウッドワード[39]がナレーター役を務めて、要所要所で主人公の心情や19世紀後半のニューヨークの上流社会の慣習について観客に語りかけた。こうした様々なナレーションのやり方をボイスオーバーという。

——一般的に三人称でストーリーを語る場合は、場面ごとに誰の視点で語るのか決めないと混乱を招く恐れがある。視点がしっかりしていれば、より多くの人物を扱うことができるんだ。『市民ケーン』[40](1941)では、主役のケーンについて5人の人物の視点から語られていた。

——このように映画を見るときは必ず、誰の視点で語られているのかに注目することが大事だ。理由は2つある。第1に、視点を通じて、観客は映画の中の空間と時間に身をおき、心理的にも映画に引き込まれるようになる。

――　第2に、視点から脚本家の狙いが読み取れるからだ。観客にどういう風に映画を見てほしいと考えたか。その視点を選ぶにいたった、脚本家の考え方や感情を理解することができるんだ。

「モチーフ」を際立たせる

キャスパー教授　では最後は、「**モチーフ**」と「**引喩**」の話だ。脚本家はこれらを使って、主題やテーマを表現することができる。では、モチーフとは何だろう。

ロバータ　シンボルのようなもの？

キャスパー教授　いや、シンボルはそのもの自身の象徴だ。モチーフはそのもの自身を超えた存在だ。モチーフとは何だろうか。

ロバータ　何か映像的なものですか？

キャスパー教授　いや、今日は脚本がテーマだから、なにか文学的な、言葉の話だ。

ロバータ　繰り返しのセリフとか？

キャスパー教授──その通り！　反復だ。**モチーフは言葉の反復で表せる。**映画を見ていると、ある単語やフレーズが繰り返し登場することがあるだろう？　それが文学的なモチーフだ。では、なぜ脚本家は反復するのか？　セリフをなぜ繰り返すのか？

ロバータ──強調するためですか。

キャスパー教授──そうだ！「これが物語のカギだ」と脚本家が伝えているんだ。あるセリフが最初に登場したとき、観客は特に意識はしない。でも、2度目に聞くと、1度目に聞いたときのことを思い出す。3度目になると、1度目と2度目を思い出す。4度目になると観客は作品の構造を意識せざるを得なくなるんだ。

モチーフを繰り返し提示することで、脚本家は作品に一貫性を与えるんだ。『市民ケーン』では、「バラのつぼみ」[41]というセリフ。『いつも2人で』では、「食事中に押し黙って、どういう2人だ?」「夫婦でしょ!」というやりとりだ。

『ショーシャンクの空に』では聖書の引用句がひもとかれ、「更生」というセリフが繰り返されていた。モーガン・フリーマン演じるレッドが、3度にわたって仮釈放委員会に出頭し、「君は更生したか」と聞かれる。これもモチーフだ。

ショーシャンクの空に——引用されるものには根拠がある

キャスパー教授　モチーフと共に、脚本家がよく使う表現に「引喩」がある。幻想（イリュージョン）ではなく、引喩（アリュージョン）だ。どういうものかわかるかい、ランス？

ランス　いいえ、幻想ならわかりますが。

キャスパー教授　そりゃあ、幻想は普段見てる現実よりもよっぽど楽しいからね（笑）。でも引喩とは何だろうか？

マイク　何か別のものでほのめかすことです。

キャスパー教授　その通りだ。**映画の中で、何か別の媒体、例えば別の映画などを引用することで、間接的に意味を伝えたり、明確にするのが引喩だ。**

—　『ショーシャンクの空に』でも引喩が使われている。有名な映画なので、見た人も多いだろう。

—　これから見せるシーンでは、四人たちがある映画を見ている。いわば映画の中の映画だ。

それは『ギルダ』[42]という1946年の映画で、リタ・ヘイワース[43]が主人公のギルダを演じ、ジョージ・マクレディ[44]がその夫役を、グレン・フォード[45]が愛人役を演じている。では、まずそのシーンを見てみよう。

——映画「ショーシャンクの空に」

キャスパー教授　このシーンでは、観客にわざわざ映画を見せている。なぜモーガン・フリーマンとティム・ロビンスのやりとりだけにせず、別の映画を見せる手間を割くのか？

ランス　現実から逃避したい囚人たちの視点を表現するためです。

キャスパー教授　確かに、このシーンの意味はその通りだが、では、なぜ『ギルダ』を引喩として使うのか？なぜ他の映画じゃだめなのか？『ギルダ』であることに何か意図があるはずだ。なぜこの白黒映画にこだわって、わざわざ囚人たちがこの映画を見るシーンを作ったのか、知るべきだとは思わないか？

——その問いに答えられるのは、『ギルダ』を見た人だけだ。もちろん、みんな、そのときはまだ生まれていない。私だって生まれていない。『ギルダ』を見たことがある人はいるかい？

1994

ショーシャンクの空に | The Shawshank Redemption

刑務所内の施設で『ギルダ』を見ているレッド(フリーマン)。

アンディが背中を屈めながらやってきて、後列に座る。

話しかけようとするアンディをレッドが制する。

「今月だけでもう3回見た」とアンディ(ロビンス)。

髪を振って微笑むリタ・ヘイワースがスクリーンに現れ、囚人たちが歓声を挙げる。

「たまらない」と満足気なレッド。

アンディはレッドが調達屋だと知り、「リタ・ヘイワースが欲しい」と持ちかける。

驚くレッド。スクリーンには、かつての恋人に挨拶するギルダ(ヘイワース)が映される。

レッドは数週間で手に入れると約束し、再び映画に没頭する。

会話を終えたアンディは客席を横切り退出する。

その向こうに、『ギルダ』の続きが映されている。

[ショーシャンクの空に]
監督・脚本=フランク・ダラボン。主演=ティム・ロビンス(アンディ)、
モーガン・フリーマン(レッド)。
スティーヴン・キングの中編「刑務所のリタ・ヘイワース」
(『ゴールデンボーイ』新潮文庫収録)を映画化した監獄ドラマ。
ショーシャンク刑務所の服役囚レッドを語り部に、
妻殺しの濡れ衣を着せられたアンディとの友情を描く。
ここでアンディが求めた「リタ・ヘイワース」とは彼女のポスターのことを指している。
[Blu-ray＆DVD発売中 価格:Blu-ray ¥2,381＋税/DVD ¥1,429＋税
発売元:ワーナー・ブラザース・ホームエンターテイメント]

［誰も手を挙げない教室を眺めて］……誰もいないのか⁉　いや、みんな正直には言わないが、きっと『ギルダ』を見ているにちがいない。映画専攻の学生がまさか『ギルダ』を見ていないはずがないからね（笑）。

引喩がもたらすもの

キャスパー教授――実は『ギルダ』で描かれているのは、『ショーシャンクの空に』と非常に似通った状況なんだ。『ギルダ』では、ナイトクラブの歌手をしている奔放な女性が、男たちから、あの女はふしだらな娼婦だと思われている。しかし彼女はそんな人間じゃない。男たちの誤解なんだ。

――『ショーシャンク』のアンディも同じだ。彼は妻を殺した殺人犯だと誤解される。本当は無実だ。

――しかし『ショーシャンク』のアンディにとっては、そのことは問題じゃないんだ。ギルダにとって、誤解されたことが問題じゃないのと同じだ。「そう思われてるんだったら、思わせておけばいい」と2人は考えている。ここにギルダの運命と、投獄されたアンディの運命の比較が成り立つ。

— 2人の人生には、いずれも偽善的な登場人物が現れ、彼らの前に立ちはだかる。アンディの場合は腹黒い刑務所長がそうだが、逆に彼を利用して、監獄で優位な立場を手に入れる。

— そしてクライマックスでは、観客が思わず拍手喝采したくなるようなやり方で、所長に末路を突きつける。

— のちにアンディが、モーガン・フリーマン演じるレッドを助けることになるのは、察しのとおりだ。

— 一方、ギルダの場合は、偽善者の夫ベイリンを死に追いやることで、愛人のジョニーを助ける。ここにも2つの作品の関連性がみられる。

— レッドが最後に仮釈放委員会に出頭したとき、彼はそれまでのように「更生しました」とは答えない。アンディと出会ったおかげで自分が変わったと感じたからだ。『ギルダ』の愛人が、彼女のおかげで自分が変わったと感じたのと同じだ。

— このように、『ショーシャンクの空に』では『ギルダ』との多くの共通点がほのめかされている。『ギルダ』を知っていれば、そうした理解ができるようになる。作品の構造をより深く味わうことができるんだ。

――『ショーシャンク』は2時間以上におよぶ大作で、主人公が4人も登場するが、こうした引喩が作品の構造を支えている。

脚本を理解すれば、映画はより深く味わえる

キャスパー教授――このように、脚本には実にたくさんのことが詰まっている。映画のタイトル、主題、テーマ、プロット、構造、ナラティヴなど、これまで気にもとめなかったようなものだ。さらに、脚本家はモチーフや引喩を用いて独自の視点を提示する。

――映画を見るときは、こういうこと全てに注目すべきだ。そうすることで、映画からより多くのものを得ることができ、より豊かな映画体験ができるんだ。

――ただ見るだけでは気づかずに見過ごしていたようなことに、君たちは気づくことになる。それを知らずに見る人に比べたら、映画をはるかに深く味わうことができるというわけだ。

―

では、今日はとても楽しい授業になった。どうもありがとう。また次回、会えることを楽しみにしている。

第2回

ビジュアル・デザイン VISUAL DESIGN

映画は見た目がすべて

第2回は、ビジュアル・デザイン。
ハリウッド映画の「光」と「色」のテクニックに迫ります。

Movies of Chapter 2

1——**カサブランカ**［1942］監督：マイケル・カーティス｜主演：ハンフリー・ボガート、イングリッド・バーグマン

2——**若草の頃**［1944］監督：ビンセント・ミネリ｜主演：ジュディ・ガーランド

3——**マイレージ、マイライフ**［2009］監督：ジェイソン・ライトマン｜主演：ジョージ・クルーニー

映画はタイトルから始まっている

キャスパー教授　第2回の講義で取り上げるテーマは、ビジュアル・デザインだ。まず最初に、タイトル・デザインについて語っておこう。すべての映画にはタイトル・クレジットがあって、これから始まる映画のことを物語っているんだ。例えば『サンセット大通り』のタイトルは描写的だ。コンクリートの縁石にタイトル文字が描かれ、その文字をカメラが追いかけるうちに、薄汚れた通りが姿を現す。どんな映画が始まると伝えようとしているんだ?

メリッサ　美しくはない、惨めな話だと?

キャスパー教授　そうだ。こうして物語は始まって、ある邸宅に何台ものパトカーや救急車が入っていくシーンにつながる。また、『いつも2人で』のタイトルにはグラフィック・デザイン[1]が使われている。画面のあちこちからタイトルや俳優の名前が出てきて、一本道をアニメーションの車が走っている。「これからお見せするのはロードムービーですよ」というメッセージだ。

――　こんなふうに、ビジュアル・デザイナーによって作られたタイトルにも注目してほしい。それもまた、監督がOKしたものだからだ。描写的なタイトルか、抽象的なタイトルか? 物語の前に独立して置かれているのか、それとも、なかに組み込まれているのか？ ここには、観客をどのように映画の世界に引き込もうとするのか、作り手たちの意図がうかがえる。映画はタイトルから始まっているんだ。

ビジュアル・デザインの基本——大道具と小道具

キャスパー教授

さて、ビジュアル・デザインとはなんだろうか？ それは実に、色々な要素を含んでいる。例えば、衣装やアクセサリー、髪形やメイクもそうだ。『晴れた日に永遠が見える』[2](1970)でバーブラ・ストライサンド[3]は、現代の女性と18世紀の女性の二役を演じている。髪型や衣装を変えることで、登場人物にコントラストをつけたんだ。**こうした美術的意匠のすべてが、映画の中で何らかの意味を担っているんだ。**

—

とりわけ、大道具などの装置はビジュアル・デザインの重要な要素だ。セットや建物、壁、家具、ソファ、椅子、じゅうたんなどだ。スタジオセットの場合もあれば、屋外のロケ地に大がかりな装置を組み立てる場合もある。最近ではCGIでセットを描いて、画面合成することも可能になった。しかしこれは特殊効果の話になるので、後回しにしよう。もちろん、小道具も重要なビジュアル・デザインだ。映画の小道具とは何だろう? スコット。

スコット――舞台装飾の中で実際に俳優が使うものです。

キャスパー教授――俳優が使うことで、どうストーリーに影響する?

スコット――演技の一部になります。

キャスパー教授――OK。それが小道具の意味だ。ビジュアル・デザインには、組み立てたセットや、セットに飾られた装飾品も含まれる。そして装飾品の一部は、小道具として俳優の演技に組み込まれ、特に重要な意味を持つようになる。

今日の講義ではこうしたビジュアル・デザインの基本を知ってもらうために、3本の映画を取り上げ、詳しく分析していく。『カサブランカ』(1942)、『若草の頃』(1944)、『マイレージ、マイライフ』(2009)の3本だ。最初の2本はスタジオ撮影のお手本とも言える古典だ。『マイレージ、マイライフ』は最近の作品だが、私のお気に入りの映画の一つだ。いずれの作品もビジュアル・デザインがとても効果的に使われている。

フォトグラフィーの意味

キャスパー教授　ビジュアル・デザインにおいて重要なことは何か。それは、「**フォトグラフィー**（撮影）」という、ギリシア語をもとにした言葉に込められている。フォトグラフィーという言葉の響きも良いが、その語源を知って私はとても嬉しくなった。映画のビジュアル・デザインにおける重要な要素をこの言葉から学ぶことができるからだ。

――この言葉は「フォトス」と「グラファイン」という2つのギリシャ語でできている。フォトスは名詞で、グラファインは動詞だ。フォトス・グラファイン――これが語源だ。誰か意味を知ってる人はいるかい？ ［1人の女生徒が手を挙げる］驚いた！ 知っているのかい？

マリア　私、ギリシャ人なんです。

キャスパー教授　ギリシャ人なの!? 本当に？ こんな偶然ってあるかい？ 君は「仕込み」じゃないよね？

マリア　違います（笑）。

キャスパー教授　名前は？

マリア　マリアです。

キャスパー教授　マリア、では、この言葉の意味を教えて。

マリア　フォトスは「光」で、グラファインは「書く」という意味です。

キャスパー教授　そう、実に美しい言葉だと思わないか？「光で書く」。だから、カメラマンとは「光で書く人」だ。それが彼らの仕事なんだ。カメラマンは光を使って、映像に何らかの意味を書き加えている。そして観客は、そこに注目しなくてはいけない。

光と心の関係

キャスパー教授　ではマリア、普段の生活でも光はとても大切だよね？　例えば、よく晴れた日、太陽がさんさんと降り注いでいる。どんな気分だい？

マリア　とてもいい気持ちになります。

キャスパー教授　では、どんよりした日は？　空は灰色で、とても暗い。気分は？

マリア　少し憂鬱で、あまり幸せな気分はしません。

キャスパー教授　こんなふうに、光は生活の中で、人々の感情や気分を大きく左右している。だからこそ映画でも、「照明」が重要になってくる。例えばレストラン。君が好きな男性と食事に出かけるとしよう。どんな照明のレストランがいいだろうか？ どんな灯り？

マリア　ほんのりとした灯りです。

キャスパー教授　それは具体的にはどういうものかな？

マリア　例えば、ロウソクの灯りとか……。

キャスパー教授　いいね。レストランの照明はロウソクが一番だ。蛍光灯でこうこうと照らされているようなレストランは嫌だよね。それじゃあ、ロマンチックじゃないからだ。ロウソクの光は優しいし、雰囲気がある。

映画史から考える

キャスパー教授　さて、ハリウッドでは初期の頃から照明の役割が重視されてきた。まずは簡単にハリウッドの歴史のおさらいをしてみよう。

—　最初の時代は、すべての映画館に音響設備がいきわたる1929年までだ。トーキー映画が登場するのは1927年だが、アメリカ国内に普及するのに2年の歳月が必要だった。そんなこともあって、この時期を「**サイレント映画の時代**」と総称している。

次は1929年から45年までの「**古典期**」。『カサブランカ』や『若草の頃』が作られたのもこの頃だ。この時代に映画の様式は完成したといえるだろう。

その次は、1946年から62年までの「**ポスト古典期**」。つまり戦後ハリウッドの時代だ。この頃には、古典的な様式がすたれ始め、映画製作は実験的な時代を迎える。最初の講義で取り上げた『サンセット大通り』は1950年の作品だった。

1963年から76年は、「**変革期**」だ。懐古趣味的な作品と革命的な作品が相次いで登場するなかで、古典期の完成された様式は完全に解体されてしまう。

その後の、1977年から現在に至るのが「**ポストモダン期**」だ。それ以前の映画の系譜を受けつぎながらも、テクノロジーや、商業面から新たな要素が加わる。

基本となる三点照明

キャスパー教授

このように、映画の歴史にはさまざまな変節があるが、基本となる照明法は今も昔も変わらない。サイレント映画の時代に試行錯誤しながら開発されたものを、今も応用しながら使っている。それが「**三点照明**」だ。名前の通り、3つのライトを使う。

— まずは「**キーライト**（主光線）」。シーンの中心となる人物や被写体に向けて正面方向から光を当てる。このキーライトが中心的な光源となる。

— 2つ目は「**フィルライト**（補助光）」と呼ばれる。その役割は、キーライトを補助することだ。通常は、キーライトの90度の角度から当てられる。キーライトが届かない部分に光を補うことが目的だ。それによって、キーライトが作る陰影の強さをやわらげたり、被写体の

Hollywood History

1910-29
サイレント時代
チャップリン、
バスター・キートン、
ハロルド・ロイドなど

1929-45
古典期／黄金時代
「風と共に去りぬ」
「市民ケーン」
「カサブランカ」など

1946-62
ポスト古典期
「サンセット大通り」
「雨に唄えば」
「サイコ」など

1963-76
変革期
「フレンチ・コネクション」
「スティング」
「ジョーズ」など

1977-現代
ポストモダン期

ディテールがわかるようにする。画面のバランスを取る役割ともいえるだろう。

3つ目は「**バックライト**（逆光）」だ。名前の通り、画面の中の人物や被写体の背後から光を当てる。光はその向きによって、与える意味や心理的効果が一変するので、とても面白い。

さまざまな光の当て方

キャスパー教授――マリア、ちょっと前に来て。これからマリアの顔にいろんな照明を当てるつもりで見てほしい。まずクローズアップを撮るとしよう。映画ではクローズアップのシーンがとても多い。特にクライマックスでは、役者はセリフを言わず、動きもなく、ただ顔のアップだけで表現することもしばしばだ。そうした場面を撮影していると考えてほしい。

例えば、三点照明のなかで、バックライトを一番強く用いているとしよう。キーライトとフィルライトも使っているが、マリアを背後から照らす光が最も強い場合だ。こんな時、マリアの顔はどんな印象に見えるだろうか。では君。

アンドレア――逆光に輪郭が覆われるので、天使のような顔に見えます。

キャスパー教授

天使のような顔。素晴らしい答えだ。キリストや聖母の絵を思い浮かべてほしい。頭の

三点照明

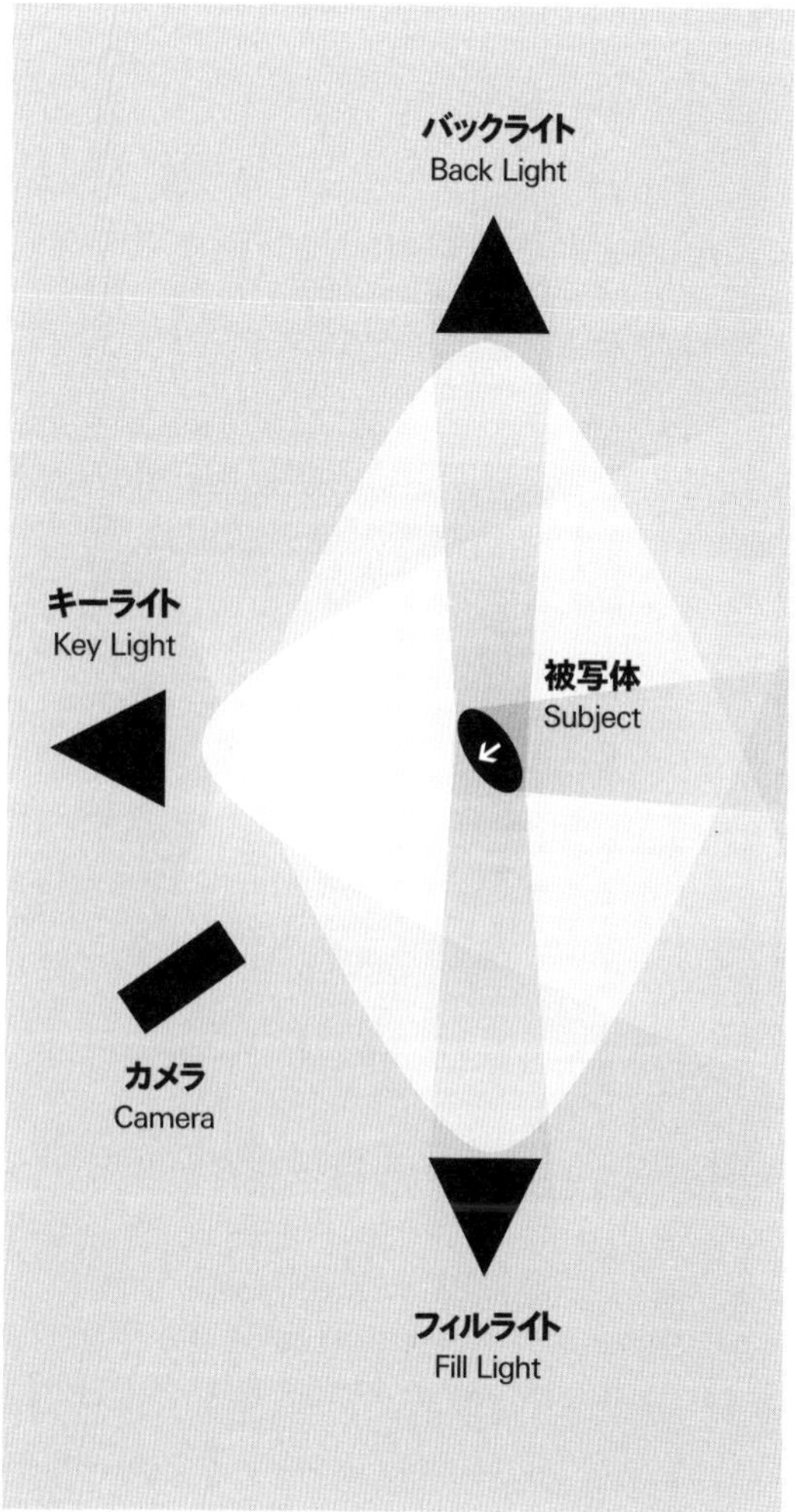

周りに後光が差しているだろう？　大げさに言えばそういうことだ。他に、逆光がもたらす効果は？　手を挙げているのはエヴァンだね？

エヴァン　顔が影に覆われます。

キャスパー教授　いや、この場合はフィルライトも照らしているので、影にはならない。他にないかな？

ステイシー　顔を柔らかく、若々しく見せます。

キャスパー教授　そう、彼女の顔はとても美しく見えるようになる。逆光を使うことでそのような効果もある。他にはどうだろうか？

ブライアン　彼女を背景から切り離します。

キャスパー教授　その通りだ。被写体を背景から切り離すから、立体感も強調できる。ちなみに、逆光を絵画に用いて、立体的に表現した有名な画家を知ってるかい？　こうした照明の使い方を、その画家の名前で呼ぶこともある。

ビカー　**レンブラント・ライティング**[4]です。

キャスパー教授　レンブラント。正解だ。よし、ではもう一度エヴァンに質問だ。光が下から上に向けて当たっているとしよう。フィルライトも使うが、光の大半を下から当てるとすると、マリアの顔はどう見えるだろうか？

エヴァン　目のくぼみが陰になります。

キャスパー教授　不気味な顔になるね。ホラー映画の常套手段だ。照明を下からあおる。その方が恐く見えるからね。では横からの光は？　左右のどちらか一方から光を当てると、どういう効果があるだろうか。アンディ？

アンディ　顔の半分が影になります。

キャスパー教授　そうだ。片側だけから光を当てると、顔が分断され、不安定に見える。では、照明の大半が、真正面から彼女の顔に当たると、どうなる？　彼女の正面から強い光を当てると、どう見える？

アンディ　ぼやけます。

キャスパー教授　そう、側面からの光と違って、顔のディテールがぼやけてくる。そして照明を上から当てると、彼女の顔は

若く見えるようになる。では、マリア、顔を貸してくれてありがとう（笑）。

—— このように、カメラマンはライトを使って、さまざまな効果を生み出す。重要なのは光の方向だ。照明の角度一つで、与えられる効果は様々に変わってくるからだ。

照明の光量と自然光

キャスパー教授 —— これに加えて、撮影では光の「量」にも気をつける必要がある。照明の強さやコントラストの度合いということだ。キーライトとフィルライトでたくさんの光量を当てることを、**「ハイキー照明」**という。この場合、あらゆる場所が均等に照らされて、画面全体が明るく見える。逆に、キーライトとフィルライトの光量に落差を設けることを、**「ローキー照明」**という。

—— 例えば、キーライトを強くして、フィルライトは全く使わないとする。すると、画面に強いコントラストが生まれ、光と影がくっきり分かれる。逆に、フィルライトだけを使って、キーライトを使わないと、画面全体がほの暗くなる。

― シーンによって、監督の求める効果はまちまちだ。ある時は通常よりも光を強くして、画面にとげとげしい感じを加えることもあるだろう。ロマン・ポランスキー[5]監督の『ローズマリーの赤ちゃん』[6](1968)では、画面に強烈な光を当てて、白っぽく見せることで、ストーリーに沿った不快な感じを表現していた。

― では、もう一度マリア。たとえば、君が恋人と散歩をするとしたら、どの時間帯は避けるべきだろうか? 光がきつく、見た目の細かい欠点が見えてしまうような時間帯はいつだろう?

マリア　お昼です。

キャスパー教授　そう。どんなに好きでも、まっ昼間の散歩は絶対にやめた方がいい(笑)。恋人を散歩に誘ってもいい時間帯は2つだけだ。いつだろうか?

マリア　朝、太陽が昇る時と……。

キャスパー教授　朝日が昇る直前だ。まさに昇ろうとしている時。その時間帯は、空に光が反射して、君は間接光に照らされるんだ。直射光ではなくてね。もう1つの時間帯は?

マリア　太陽が沈む時です。

キャスパー教授――君には幸せになってほしいから、特別に、正確な時間を教えてあげよう（笑）。日が沈んでからの25分間だ。その時間に彼を散歩に誘うんだ。太陽はもう沈んでいるが、その反射光がたくさん残っていて、君は柔らかな光に包まれる。デートはその時間が勝負だ。

――こんなふうに、強烈な光や柔らかい自然光が効果的に使われている映画を、君たちも見たことがあるだろう。これらの光を使うことで、監督とカメラマンがどんな効果を狙ったのか、よく考えるべきだ。**光はじかに、人間の心理に影響を与えるんだ。**

カサブランカ――光と影で物語る

キャスパー教授――では今日の最初の映画分析をしよう。白黒で撮られた見事な作品、『カサブランカ』だ。見てもらうのは、リックのかつての恋人イルザが、夫と一緒にリックのカフェで話すシーン。リックはイルザが結婚していたことを知らなかった。しばらく何気ない会話を交わした後、夫婦はリックと別れ、カフェにリックだけが残される。

――リックを演じるのはもちろん、ハンフリー・ボガート[7]、イルザはイングリッド・バーグマン[8]。彼

1942 | カサブランカ | Casablanca

[1]——会話が終わり、丸テーブルを囲んで登場人物が立ち上がる。
左端にいるリック(ボガート)の背後の壁に唐草模様の影が落ちている。
別れの挨拶をするイルザ(バーグマン)とラズロ(ヘンリード)。イルザに答えるリッ
ラズロ夫妻が去り、やりきれない顔のリックが座ると、
それまで背中に隠れていた壁の影が大きく映る。

—

[2]——カフェを出て、夜の通りを歩くイルザとラズロ。
「リックって何者だい?」と聞くラズロに対して、
イルザは「パリで会った人よ」と答えるが、
会話の最中に彼女の顔は影に覆われ、表情が見えなくなる。
その後、イルザは足早に車へ乗り込み、ラズロも続く。

—

[3]——店仕舞いしたカフェの中。
カウンターに座って、ふさぎこんだ様子で酒を飲むリック。
カメラが引いてリックの姿は小さくなり、薄暗い店内が強調されるが、
この間ずっと、リックの顔の半分が影に覆われている。

[**カサブランカ**]
監督・脚本=マイケル・カーティス。
主演=ハンフリー・ボガート(リック)、イングリッド・バーグマン(イルザ)。
第二次世界大戦下の仏領の街カサブランカを舞台に、カフェのオーナー、
リックとかつての恋人イルザの切ない再会を描いたラブ・ストーリー。
ナチスの仏領占領という複雑な政治背景を取り入れた作品。
第16回アカデミー賞で作品賞、監督賞、脚色賞を受賞。
[Blu-ray & DVD発売中 価格:Blu-ray¥2,381+税/DVD ¥1,429+税
発売元:ワーナー・ブラザース・ホームエンターテイメント]

女の夫ラズロはポール・ヘンリード[9]が演じている。ここでは、なによりも光の向きや量に注目して見てほしい。

——映画「カサブランカ」

キャスパー教授 このシーンではセリフは少なく、目立った動きもない。人物がただ立ったり、歩いたり、座るだけだ。にもかかわらず、様々な感情や意味が光で表現され、伝わってくる。照明がストーリーのすべてを物語っているんだ。では気づいたことを説明してほしい。ラッセル。

ラッセル ラズロとイルザが店の外に出るシーンで、嘘をついたイルザの顔に、影が落ちるように演出されていました。彼女は実はパリでリックと頻繁に会っていたんです。そのことを隠しているのが影で表現されています。

キャスパー教授 彼女は嘘をついているから、暗闇で包まれた。何か隠している、という演出だ。よく気づいたね。では他には、何が光で表現されているだろうか？

ラッセル ひとり残ったボガートがふさぎこんでいる様子です。

キャスパー教授 あのシーンでフィルライトが使われていないことに気づいたかな？ 彼の顔はどうなっ

ていた？

アンディ 半分が影に覆われていました。

キャスパー教授 その意図は？ 彼女と一緒のときは顔が全部見えていたのに、その後は、彼の顔の半分にしか照明を当てていない。なぜ？

アンディ 一部だけしか見せていないのは……。

キャスパー教授 何を意味しているのか？ 彼は分断され、何かが欠けているんじゃないのか？

ラッセル 傷ついています。

キャスパー教授 そう、傷ついている。心が欠けているんだ。

照明は世界の象徴でもある

キャスパー教授 他には何か気づいたかな？ 最初にカフェの中の世界があった。そして、外の通りの場面を挟んで、今度はカフェにボガートがひとりでいる。照明はその世界について何を語っていただろう？

ダン　光が少なくなっていきました。

キャスパー教授　そう。それで？

ダン　まさに彼の人生の光が失われたというか。

キャスパー教授　つまり？

ダン　彼は孤独です。

キャスパー教授　心理的な意味は、その通りだ。でも視覚的には、世界はどうなっていっただろう？

ダン　小さくなりました。

キャスパー教授　そう。世界がどんどん小さくなっていったんだ。深い悲しみに襲われたとき、人は実際に、そういう感覚になるんじゃないだろうか。閉じ込められた気分になり、あたりが暗くなったように感じたりする。

――それは、この映画全体を通して言えることだ。第二次世界大戦中で、状況は日ごと厳しくなっている。ドイツ軍が勢力を広げるにつれて、連合国側の希望が徐々に失われていく。そうした世界の寓意でもあるんだ。

――では影が、最初に印象的に登場したのはどこだろう？　カフェの中でも明るい光の中に特徴的な影がなかったかい？ ボカートが立ち上がって話すシーンを思い出してほしい。彼の背景の照明はどんなふうだった？

エヴァン　壁に飛行機のような影が映っていました。

キャスパー教授　飛行機じゃない。唐草模様のような影があるんだ。そのような背景で話すと、話に重みが感じられないんだ。背景がセリフの邪魔をする。それがマイケル・カーティス監督[10]と、撮影監督のアーサー・エディソン[11]の狙いだ。あのような照明の前では、登場人物に威厳を保たせることはできない。観客の視線が俳優ではなく、背景に引きつけられるからだ。

映画で色を使う場合

キャスパー教授　ここまで白黒映画を分析してきたが、次にカラー映画を見ていくことにしよう。映画のビジュアル・デザインのもうひとつの要素は「色」だ。周りを見回すと、この私たちがいる教室も色だらけだ。では映画の装飾要素として、どうすれば芸術的に色を使えるのか？これは今回だけでなく、5回の講義全てにおいて重要な点だ。みんなは既に映画製作に携わっていたり、そういう仕事を目指しているので、これはきっと参考になるはずだ。

——先にひとつ指摘しておこう。まずロケ撮影であろうと、スタジオであろうと、やたらとたくさんの色を使うのはよくない。観客の目があちこち向いてしまうからだ。どの色を使うべきか、よく選ぶ必要がある。いくつかの色を選んだら、次に配列を決めよう。

——もし君が感じたり考えたりしたことが、君が選んだ色の配列を通して、見る人の心に通じれば、それはまさに芸術の始まりだ。自分の思いが、色を通して他の人の心に伝わったからだ。

——思いを伝えるのは難しいことだ。現実の人間関係でも、愛していると伝えるのは難しい。自分と相手は全く別の存在だからだ。どうすれば、自分の心や頭の中にあるものを、他人の心や頭の中に届けることができるのか？　言葉ではなく、芸術の方がまだ可能かもしれない。人と人を結びつけるところに、芸術活動の良さがあるんだ。

カラー・コーディネートの基準

キャスパー教授　さて、そういう気持ちで、色を選んで配列を決めるとしよう。コーディネートの基本は、まず**2〜3色のベースになるカラーを決めること。**ベースカラーはそれぞれの明度を考慮しながら、組み合わせを考えるんだ。最も大切なのは、配列してコントラスト（対比）を作り出すことだ。コントラストはドラマチックだ。**監督もカメラマンも、画面上で対立や衝突が生まれるたびに、観客の目がそこに向くことを知っている。**意識が引き寄せられるからだ。

——では、実際に試してみるとしよう。誰かに、この教室の中から3人の生徒を、着ている服の色を基準に選んでほしい。彼らを横一列に並べるんだ。そして、これは君の映画の最初のシーンだとしよう。3人とも無名の俳優で、誰も彼らのことを知らない。セリフもないし、演技もない。ただ、3人が並んでいるだけだ。でも君は監督として、その中の誰が一番重要な人物かを、色だけで観客に伝えなくてはならない。その彼こそが映画の主役だ。挑戦したい人は？

ダン　やります！

キャスパー教授　よし、ダン。まず3人選んで。

ダン　じゃあ、後ろの席にいる紫のTシャツの女性と、眼鏡をかけた淡紫のシャツの男性、それからヘッドバンドをしている白いタンクトップの女性。

キャスパー教授　3人選んだね。では全員、前に出て立ってもらおう。気をつけてほしいのは、色以外の要素は考えないということだ。身長は関係ない。男性が1人で女性が2人ということも関係ない。ただ色だけだ。では、君の主役は誰だろう?

ダン　はい。紫のTシャツの女性です。

キャスパー教授　なぜ?

ダン　彼女の服装には色のコントラストがあるので、目立っているからです。

キャスパー教授　ダン、ちょっと待って。彼女が着ている紫のTシャツと青のデニムでは、たいしたコントラストはない。ドラマチックではない。それに比べるとヘッドバンドをした女性が着ている、白いタンクトップと水色のデニムの間には大きなコントラストがある。そして眼鏡の男性が着ている淡紫のシャツとベージュのパンツにも、多少のコントラストはある。でも彼女には無いだろう? スコット、助けてあげて。

スコット　私も紫のシャツの女性が目立つと思いますが、理由は、彼女の服に色の差がないからです。他の2人と違って、「紫と青」は似た色で、単色に近いので、それで引き立つのだと思います。

キャスパー教授　そうだ。つまり、君の言い方では彼女の服にコントラストがないから目立つ、と答えるべきだったんだ。確かに、彼女を選んだダンは正しい。でもそれは、彼女の着ているものにコントラストがないから、他の2人との比較で目立つんだ。じゃあ、私が背広を脱いで3人に加わるとしよう……［教授の服装は水色のシャツと黒いズボン］さあ、これで君の視線はどこに向くだろうか？

ダン　同じ紫の彼女です。

キャスパー教授　君は目の検査に行った方がいい（笑）。私の服が一番強いだろう？　この3人を打ち負かすぐらい、私の水色と黒の対比は強烈だろう？　人間は、常に強烈な対比に目が行くんだ。そこに注目して衣装を選べばいい。注目を集めたいなら、コントラストのある服を着させるんだ。

引喩としての色

キャスパー教授　何か質問があるようだね？　どうぞ。名前は？

チュニーシャ　チュニーシャです。色自体が持つ意味は関係ありませんか？　例えば、黄色は幸せ、赤は権力とか。

キャスパー教授　君は今、はからずも、私の次のテーマへのきっかけを作ってくれた。そう、**色自体が見ている人に何かを伝えることもある。**また色によって、ある状況の登場人物に観客の目を引きつけたり、遠ざけたりすることがある。君の言うように、色にはイメージや引喩的な意味があるからだ。例えば緑から連想するものは何だろう？

ロバータ　木や草です。

キャスパー教授　生命、春、成長だ。あるいは緑から嫉妬を連想することもある。なぜだろう？

ジャック　アメリカ紙幣の色だからです。

キャスパー教授　そうだ。では金色や黄色は？　どんな意味があるだろう？

ダン　純粋さとか、権力です。

キャスパー教授　なぜ権力を連想させる？

ランス　金色は、王やファラオを連想させるからです。

キャスパー教授　そうだね。

ダン　金色には純粋なイメージと、輝いている感じがあります。

キャスパー教授　そう確かに輝いている。太陽の輝きのように。では紫はどうだろうか?

ローレン　高貴な色です。

キャスパー教授　私たちはなぜ紫から王族や貴族や富を連想するのか? その理由は?

ローレン　なんとなくそう思うだけで、具体的な理由はわかりません。

キャスパー教授　誰かわかる?

ダルーシュ　作るのにお金がかかるからです。

キャスパー教授　その通りだ。作るのにお金がかかる。どうやって作ったか、知ってる? ある貝から紫の染料を作ったんだ。とても高価で少量の染料しかとれない。それで紫は王族や富を連想する。このように、**色には引喩的な意味が含まれ、映画の中で利用されることもある。**

繰り返し見る必要性

キャスパー教授　では、今日2つめの映画を紹介しよう。舞台の美術デザイナーから映画監督になった、ビンセント・ミネリ[12]の作品『若草の頃』だ。実は私の学位論文のテーマはビンセント・ミネリとミュージカル映画に関するものだ。私が最初に書いた本も彼についてのものだ。ミネリとはとても気が合う。そして、彼のミュージカル映画の傑作と言えば、『若草の頃』だ。

白状するが、この映画を最初に見た時はよく分からなかった。これは私が生まれる前に作られた作品だ。私が見たのはちょうど君たちぐらいの年齢だったが、正直、良さがよく分からなかった。多くの人が『若草の頃』について評論を書いたり、話題にして、素晴らしい作品だと言っていたが、私には理解できなかったんだ。

それでも3回、4回、5回と見るうちに、やっとその美しさに気づくことができた。この映画にどのような優美さや、愛情、感情、想いが込められているか理解できるようになったんだ。『若草の頃』をまだ見たことがない人は、ぜひ見るべき映画のリストに入れるべきだよ。

若草の頃――主人公を引き立たせる方法

キャスパー教授　前回の講義で話したように、これは時系列ごとにエピソードが展開される映画だ。夏から始まり、秋になり、冬、そして春へと移り変わり、物語は終わる。実際には、それぞれの季節で過ごす休暇を中心に物語が進んでいく。最後の休暇では、主人公たちが路面電車に乗って、博覧会を見に行く。1904年のセントルイス万博だ。1904年……古きよきアメリカが物語の舞台だ。

—　主人公を演じるジュディ・ガーランド[13]は、近所に住む青年（トム・ドレイク）[14]と出会い、友達みんなで一緒に万博会場の予定地を見に行かないかと誘う。大勢の人物が登場するなか、青年は遅れてやって来る。これから見るのは、そうして、路面電車に乗って会場になる場所に向かうシーンだ。彼女は、彼の姿を見て気持ちが高揚する。そして、これはミュージカルなので、気分が高まると何をする？　そう、みんなで歌うんだ。

—　ここで歌われる「トロリー・ソング」[15]は、第17回アカデミー歌曲賞にもノミネートされた有名な曲だ。さあ、画面には、大勢の若い男女が乗った路面電車が映される。そんな大人数の中から、主役に注意を向けさせるにはどうすれば良いか？　ビジュアル・デザインの観点で、どんな工夫がされているだろうか？　見た後で、答えてほしい。

――映画『若草の頃』[1]

キャスパー教授　主役を引き立てるどんな工夫があっただろうか?
ゲーリー　ジュディ・ガーランドだけが白黒の服を着ています。
キャスパー教授　その通り!
ゲーリー　他の登場人物は明るい色の服装です。
キャスパー教授　周囲の人物にはふんだんに色を使い、しかし、肝心の彼女には使わない。白と黒だけで、色がないことで、周囲とコントラストをつける。ほかには?
ゲーリー　彼女だけ金髪です。
キャスパー教授　なぜ彼女の髪の色に気づいたのだろう?
ゲーリー　彼女だけ帽子をかぶっていません。
キャスパー教授　そうなんだ! これで衣装の役割がわかっただろう。彼女にだけ帽子をかぶせない。これだよ。すごいだろ? ある人物に我々の注意を向けさせたり、注意をそらさせたりする。これがビジュアル・デザインというものだ。

1944

若草の頃 | Meet Me in St. Louis

路面電車に乗るエスター(ガーランド)は、
ジョン(ドレイク)が追いかけてくるのを見て喜ぶ。
気持ちの高まるまま、彼女は恋のときめきを綴った「トロリー・ソング」を歌い始め、
周囲の乗客に取り囲まれる。
乗客の多くは女性でピンク、ブルー、グリーンなどの派手なドレスを着ているが、
エスターだけ白黒の質素な身なりで帽子をかぶっていないため、
ブロンドの長い髪が引き立って見える。

–

姉ローズ(ブレマー)とエスターが
「セントルイスで会いましょう」をデュエットしている。
ピアノを伴奏する姉のそばにいたエスターは、
踊りながらリビングの中央へ行って、やがて元の場所に戻ってくる。
エスターの動きに合わせて、
重厚な装飾品や絨毯、観葉植物などが画面に映る。
最後にエスターが姉の背中に寄り添い、ピアノの上の彫像を模したポーズになる。

[**若草の頃**]
監督=ビンセント・ミネリ。主演=ジュディ・ガーランド(次女エスター)、ルシル・ブレマー(姉ローズ)。
セントルイス万博が開催されるまでの半年間の出来事を、
明るい四人姉妹の姿を通して描いたミュージカル。
[DVD発売中 価格:¥2,980+税 | ワーナー・ブラザース・ホームエンターテイメント]

―― ヒッチコックも、ある人物に注意を向かせたいときは、常に色を使って、別の見方を与えた。そうすることでサスペンスが生まれるように工夫したんだ。

時代を再現する

キャスパー教授 ―― ビジュアル・デザインにはもう1つ、**登場人物の世界を形作る**という役割もある。登場人物がいる場所やその時代について指し示すんだ。これは、映画が持つ特別な魅力の1つだと私は思う。

―― 例えば『若草の頃』の舞台は1904年。私はまだ生まれていないし、当時のセントルイスがどんな場所だったのか見当もつかない。でも、この映画を見ることで、昔の人々がどんな家に暮らし、どんなふうだったのか、特に若い人たちの生活について、知ることができる。

―― では、『若草の頃』からもう1つシーンをお見せしよう。まず、よく見てほしいのは家だ。[16]リビングルームに2人の姉妹、先ほどのジュディ・ガーランドと、もう1人はルシル・ブレマー演じる姉ローズが登場し、「セントルイスで会いましょう[17]」という歌を歌っている。

――　２つのことに注意して見てほしい。見てほしいのはその部屋の内装だ。１９０４年当時について、何がわかるだろう。そして２つめは２人の登場人物、姉妹が同時に目にする、あるものに注目してほしい。では再び、「若草の頃」だ。

映画　**「若草の頃」［2］**

キャスパー教授　最初の質問は、２人がいる部屋、彼女たちが暮らす家の特徴はなんだろう？　このシーンから、当時のセントルイスについて何が分かるだろうか？　では、誰からいこう？　ラッセル。

ラッセル　まず、ピアノがありました。

キャスパー教授　どんな色のピアノだった？　大きさは？

ラッセル　茶色の大きなピアノです。

キャスパー教授　他に何が見えた？　観葉植物のようなものも見えたよね？　ドレープの付いたカーテンやたくさんの大きな装飾品もあった。

ラッセル　部屋の装飾がビクトリア朝でした。

キャスパー教授　ビクトリア朝の装飾とは、どんなもの？

ラッセル　どっしりとした感じで、ごてごてしてます。

キャスパー教授　そう。仰々しく堅苦しい。よく言えば、堅実なものだ。これらの装飾品が指し示しているのは「安定」だ。絨毯は二重に敷かれ、家の隅々にまで装飾がある。それが当時の人々にとっての理想の家だった。それはまた、当時の社会の象徴、人間関係の象徴でもあった。皆、地に足がついている。安定していて、人々や家や暮らしが守られている。

――ミネリはこうした時代設定を作りあげるために、何ヵ月もかけて綿密なリサーチをし、当時の家がどんな風だったか、人々はどんな服を着て、どんな様子だったかを調べて、それを再現した。当時は、ここまで綿密に時代考証をやった映画はほかになかったから、ミネリのこだわりに映画会社は仰天した。その意味で、これはビジュアル・デザインに革命をもたらした作品なんだ。

精神性を表現する

キャスパー教授　部屋の装飾について、さらに質問を続けよう。今見た映像の後半に登場した装飾を覚えているかい。誰か、とても奇妙な点に気づいた人はいないかな?

ダン　ピアノの上の壁に彫像がありました。

キャスパー教授　そうだ、ダン。この彫像について皆に説明して。

ダン　天使のような顔をした彫像があって、姉妹に向かって歌い返しているように見えました。彫像と姉妹が左右対称になっているんです。

キャスパー教授　大正解だ。画面の左上に彫像があって、ピアノに向かって歌っている姉妹と対になっているのがわかる。ピアノの上に男性が女性の肩を抱いている彫像があって、ちょうど2人の姉妹と同じ格好をしているんだ。

――私はミネリ監督に尋ねたことがある、「あれはなんですか? 姉妹への冷やかしですか?」とね。すると彼は、「違う。当時のアメリカでは、若い女性は自分に注目を集めることばかりを考えていた。部屋の中で、どうすれば印象的に見えるかと考えていたんだ」と教えてくれた。

――つまり、当時の若い女性は、室内の絵や彫像の人物の真似をすることがよくあったんだ。客の注意を引くためや、あるいは、自分を芸術作品のように見せるために、同じポーズをとることがよくあった。こんな細かなディテールまで考えて作りこまれていたんだ。私は監督のこだわりの強さと意図の深さに、頭が下がる思いだった。ただセットを作って俳優を動かすだけじゃない。当時の人間の精神性まで写し取ろうとしたんだ。

カラーと白黒の違い

キャスパー教授――白黒とカラーの映画を1本ずつ見たところで、両者の違いについて考えてみよう。まず君たちに、極めて哲学的な問題を投げかけるとしよう。

――その問題とはこれだ。「白黒映画とカラー映画では、どちらがより本物に近く、私たちの感覚にリアルに訴えかけ、ドラマチックだと言えるだろうか?」。

――君たちが答えを考えている間、カラー映画と白黒映画の主な特徴について挙げておこう。まず最初に、どんなカラーシステムを使っても、現実の色を正確に再現することはできない。私たちが映画で見ている色は、現実の色とは違うんだ。

――その理由はいくつかあるが、根本的に、色を見ている状況が違うからだ。映画は暗闇の中で見ている。だから色がより鮮やかに見える。さらにフィルムに後ろから光を投射して映す映画の色は、普段見ている色とは違ってしまう。もっと鮮やかで、豊かで、色が輝いている。色が極端になるぶん、現実の世界とは違うんだ。

—一方、白黒映画の場合、まっ黒からまっ白の間には、微妙な色の濃淡がたくさんある。まっ黒からまっ白の間に、人間の目でも24色のグラデーションを見分けることが可能だ。この場合、観客は、白黒映画で使われた実際の白と黒の濃淡を見ているんだ。

—撮影したり編集したりする場合にも一言触れておこう。カラーと白黒では、カラーで撮影する方が白黒で撮影するよりも難しい。なぜなら、ロケ撮影だろうがスタジオ撮影だろうが、光の加減によって色彩は常に変化するからだ。また、カラー映画を編集する際には、白黒のときよりもシーンのつながりに気を配らなければならない。小道具の色味がショットを切り替える度に違っていたら、観客が映画に集中できないからだ。最後に、カラー映画は白黒映画の2倍のコストがかかることも指摘しておこう。

—では、質問に戻ろう。カラーと白黒では、どちらがより本物に忠実で、リアルに感覚に訴えかけ、ドラマチックな表現なのだろうか？『サンセット大通り』や『カサブランカ』のような白黒映画か？　それともカラー映画なのだろうか？

ジャック　これは引っ掛け問題ですか？

キャスパー教授　ジャック、面白いことを聞くね。気に入ったよ。なぜそう思うんだい？

ジャック　先生が、カラー映画の色はリアルじゃないと説明されたので、だったら、白黒を選んだ方がいいと思えたからです。

キャスパー教授　確かに、カラー映画は実際の色とは違う。でも、君の目は現実を白黒で見ているのかい？

ジャック　いいえ。

キャスパー教授　そう、カラーで見ているね。

ジャック　はい。でも先生の説明を聞くと、逆に……。

キャスパー教授　そう、わざと問題を複雑にしてみたんだ。引っ掛けではないが、答えづらくしたんだ。さあ、よく考えてみて。真剣に答えてほしい。

題材に応じて選択する

ローレン　カラー映画はとても鮮明で、私の頭の中もカラーで考えることができるので、私はカラーの方だと思います。

キャスパー教授　それはいい理由だね。では、ジャックに戻ろう。

ジャック　僕も彼女に賛成です。それに、カラーでも、色を調整して、より本物の世界に近づけたりできるはずです。

キャスパー教授　とてもいい指摘だ。他には？

クリスティーナ　白黒映画の方が想像を膨らませながら見られるので、カラーで実際に見るよりも、より本物に近く感じられそうです。

キャスパー教授　それもとても良い答えだ。良く考えている。気に入った。では、アンディ。

アンディ　それぞれ別物だと思うんです。私たちが普段、目で見ているのはカラーの世界だから、カラーの方がリアルだけど、白黒の方が感情表現ができます。

キャスパー教授　つまりどういうこと？

アンディ　私は白黒の方が好きです。

キャスパー教授　あのね、君の好みは聞いていない。どちらが好きか、という問題じゃないんだ。あらゆる違いを考慮して、どちらの方がより本物に近く、リアルに訴えかけるかという質問だ。でも、君はとてもいいところを突いていたよ、アンディ。よく考えている証拠だ。ほら、最初に君が言っていたのは何だったかな？

アンディ　2つは別物だと……。

キャスパー教授　そう、2つは別物。そうだね。続けて。

アンディ　カラー映画は普段見る世界と同じだけど、白黒は情熱的で、ロマンチックで……。私、あと何を言いましたっけ？（笑）

キャスパー教授　わかった、では多数決をとろう。白黒映画の方が、カラー映画よりも本物に近く、感覚に訴えかけると思う人は？　手を挙げて。

［生徒の半分くらいが手を挙げる］

――　なるほど。ではカラー映画の方だと思う人は？　ほぼ半々だ。では、どちらにも挙げてない人は？　それはなぜだろう？　エヴァン。

エヴァン　「どう使われるか」で違うと思います。

キャスパー教授　そうだ、さらに、「扱うテーマ」によっても違う。つまり答えは、映画によっては、カラーの方がいい場合もあるし、白黒の方がふさわしい場合もある、ということだ。『雨に唄えば』[18](1952)は、白黒では成立しない。『サンセット大通り』は、カラーではダメだ。もちろん最近の映画はほとんどがカラーだ。でも、カラー映画は色をコントロールできる。どう使うか、というエヴァンの意見ともつながる。

例えば4回目の講義で取り上げる『チャイナタウン』(1974・169頁参照)は、本来は白黒の方がふさわしい映画だ。でもポランスキーとビジュアルデザイナーたちは色の使い方に長けていた。色をトーンダウンさせ、映画の暗い雰囲気にもハマるようにした。『チャイナタウン』を『若草の頃』のようなあでやかなカラーで作るなんてありえない。そんなバカなことは誰もしない! でも、色の使い方に長けていれば、カラーでも白黒の良さが出せるんだ。

ムードや雰囲気を作る

キャスパー教授

いま話したことを、人間の感情を考えながら裏付けしておこう。ポーリーン。キミはムードを感じたことがあるかな。どんなムード?
ポーリーン　ふだんよく感じるのは、幸せと悲しみです。
キャスパー教授　他には?
ポーリーン　時には怒りも……。
キャスパー教授　そう。幸せと悲しみ、怒りやあざけりはムードだ。つまり、ムードとは感情だ。感覚と言い換えてもいい。それぞれのショット、シーン、シークエンス、そして映画全体には、ムードや感覚的なニュアンスが備わっている。
――ではウィル。君はどんな雰囲気を経験したことがある? 例えばバーに行くとする。そこは混んでいて、タバコの煙が立ち込め、ざわついている。そういう場所で経験するのはどういう雰囲気?
ウィル　喜びです。
キャスパー教授　煙たくて、人が大勢いて、話し声でうるさいバーで、君は喜びを感じるのか? 私ならそこから出たいと思うだろうね。耳をふさいで、外へ出て空気を吸いたい。そういう場所では息ができないから。

―― このように雰囲気は、あるショットやシーン、シークエンスが、見る者の感覚、好みにどう影響するかということに関係してくる。

マイレージ、マイライフ――象徴的なムードの出し方

キャスパー教授 さあ、ムードや雰囲気が理解できたところで、今日最後の映画、『マイレージ、マイライフ』を見てもらおう。これもいくらか暗い雰囲気をもった映画だ。だから多くのシーンで、カラーらしい色が使われていない。

―― これから見てもらうのは、主人公が勤める会社での会議のシーンだ。コーネル大学卒業の自信満々の新入社員が、インターネットでリストラを行う新たな仕組を編み出し、プレゼンしている。新入社員を演じるのはアナ・ケンドリック[19]。そして社員の1人が主役のジョージ・クルーニー[20]だ。ではビジュアル・デザイン、特に色に注目して、どういう雰囲気が作り出されているか、見てほしい。

―― **映画**「**マイレージ、マイライフ**」

キャスパー教授　このシーンのムードや雰囲気について答えてくれ。ラッセル。
ラッセル　ほとんど1色、せいぜい2色くらいで描かれていました。
キャスパー教授　それによりどんな効果が？
ラッセル　画面に暗い感じが出ています。社員は笑顔ですが、シーンの全体的な雰囲気は重苦しかったです。
キャスパー教授　単色または2色と言ったね。どんな色？
ラッセル　緑です。
キャスパー教授　青もだ。暖かみのある色？
ラッセル　いいえ。
キャスパー教授　そうだ、冷たい色だ。装飾について気づいたことは？
ラッセル　1990年代半ばという感じでした。
キャスパー教授　それはどうかな？　それよりも、彼らが話をしている間、特に目についた装飾は何だろうか？
ラッセル　現代的なものばかりでした。
キャスパー教授　ガラスだ。あるいはブラインド。カメラが目の前の、ガラスやブラインド越しに何かを映す

2009

マイレージ、マイライフ | Up in the Air

上司が コーヒーを飲みながら会議室に来て、話しだす。
狭い室内には大きな机があり、囲むように部下が座っている。
その中にライアンがいて、壁際に立つ複数の同僚の姿もある。
上司はエリートの女性社員ナタリーを紹介するが、
話のあいだ、ガラスとブラインドで囲まれた室内が冷やかな色調で映される。
紹介をうけて、机の隅に座っていたナタリーが立ち上がり、
前に出て新たな事業展開を提案する。
モニターを使って、出張の無駄を唱え、
インターネット回線を使った解雇通告のやり方を自信たっぷりに披露する。
モニターに映る映像も、緑や青といった冷やかな色を基調に展開される。

［**マイレージ、マイライフ**］
監督＝ジェイソン・ライトマン。
主演＝ジョージ・クルーニー（ライアン）、ヴェラ・ファーミガ（アレックス）、アナ・ケンドリック（ナタリー）。
企業のリストラ対象者に解雇を通告するスペシャリストのライアンは、
1年の大半を出張に費やし、マイレージを貯めることを目標にしていた。
ライアンは旅先で色っぽいアレックスと知り合うが、
若いナタリーがインターネットを使った事業改革を提案し、
恋も目標も閉ざされそうになる。
仕事のプロが心の空虚さに気づくまでを描いた作品。
［Blu-ray 価格：¥2,381＋税 | 発売元：パラマウント・ジャパン］

ことで、どんな効果があると思う？

ラッセル　冷めた感じがします。

キャスパー教授　冷たい、はかない、安定感がない。永遠なものは何もない。『若草の頃』に描かれた世界とは大違いだ。あの映画では全てに安定感があった。だが、ここには安定したものが何もない。

——では他には？　人がたくさんいることで、どのように感じただろうか？

ポーリーン　ピリピリした雰囲気でした。

キャスパー教授　そう。狭い部屋でぎゅうぎゅう詰めになっているからだ。それが理由だ。

ラッセル　あと、全員が同じような服装でした。

キャスパー教授　いい指摘だ！　確かにそうだった。全員が同じような服を着ていた。全員が働く機械のようで、個性がない。その通りだ。

——映画では、シェークスピアの芝居のように、舞台袖の役者があれこれ言葉で解説するわけにはいかない。**だから、衣装やセット、色彩を通して、登場人物の精神を映し出さなくてはいけない。**それがビジュアル・デザインの醍醐味だ。

特殊効果について

キャスパー教授

最初に約束したように、特殊効果の話をしてこの講義を終えよう。オーソドックスな特殊効果を説明したうえで、近年クローズアップされてきた2つの効果について語りたい。

まず、舞台美術の延長上にある特殊効果を、「**メカニカル特殊効果**」という。車が爆発するように仕掛けたり、登場人物が撃たれて血が吹き出したりするのがこれだ。生身の俳優が怪我をしないように工夫しながら、派手なアクションを演出するんだ。

次に、セットで撮影した人物と実際の外景を組み合わせることを、「**インカメラ特殊効果**」という。例えば、いまスタジオで撮影しているのに、ナイアガラの滝の場面があるとしよう。主役の2人はまだ撮影があるから、現地に行くことができない。そんなときに使う。撮影クルーを現地に飛ばして、撮ってきた映像とスタジオ撮影した2人の映像を合成するんだ。スケジュールの短縮とコスト削減を兼ねて、黄金期のハリウッドで最も好まれた特殊効果がこれだった。

進化する技術——特殊メイクとCGI

キャスパー教授

残る２つは、先に紹介した映画史の話と深く関わるものだ。１つは照明と同じでサイレントの時代から映画と歩みをともにし、時代とともに発展してきた。もう１つは歴史区分の最後の段階、つまり、ポストモダンのいまになって急成長を遂げてきた。「**特殊メイク**」と「**CGI技術**」だ。

—

みんな信じられないかもしれないが、特殊メイクは映画が言葉を獲得する以前から有名だった。『ノートルダムのせむし男』[21]が最初にハリウッドで実写化されたのは１９２３年のことだ。ご存じのように、この主人公は背中に大きなこぶがある異形の人物だ。そこで、ロン・チェイニー[22]は顔にパテを塗り、肩から背中越しに詰め物をしてキャラクターを演じた。当時は、俳優が自分でメイクやキャラクター造形をやったから、この分野は彼の専売特許でもあった。

—

しかし時代とともに技術が進化して、特殊メイクの工房が作られると、商業的に独自の流れが形成されるようになる。１９７０年代になってホラーやSF、ファンタジーが量産されるようになると、ディック・スミス[23]、リック・ベイカー[24]といったアーティストが大きな潮流を生み出していく。その成果は、君たちが楽しんでいる映画に大いに発揮されているはずだ。

そして、近年生まれた最も複雑な特殊効果がCGIだ。この技術を使えば、空に月や星を出させたり、『フォレスト・ガンプ[25]』(1994)のように登場人物を歴史的瞬間に立ち会わせることもできる。キャラクターや動物を生み出すことも可能だ。『スピーシーズ[26]』(1995)のシルや、『ジュラシック・パーク[27]』(1993)の恐竜がそうだ。また、セットや背景だって生み出せる。

—

キャスパー教授

CGIは万能薬か？

CGIの凄いところは、恐竜や大がかりなセットを作りだせるだけでなく、消しゴムみたいに、不用意に映った細部を消し去れることにある。例えば、撃たれて死ぬシーンでは、俳優は息も絶え絶えの演技をする。でもその演技が不要なら、CGIを使って呼吸の部分を消すことができるんだ。どうするかというと、まず画像を取り出してコンピュータに取り入れる。それからエンハンス、リファイン、修正などの様々な処理を施す。そして、画像が途切れなく見えるように光の処理をして、デジタル生成画像を作るんだ。最後に、画像をコンピュータからフィルムに戻せば完成だ。

― ここから先はもう講義ではない。私個人の意見として聞いてほしい。私が映画を見始めた頃——幼い子どもの頃の話だ——スクリーンに映るすべてのことを信じていた。画面がとてもリアルに見えたから、俳優が実際に死んでないとわかっていても、物語をまるごと受け止めていたんだ。その意味で、映画を見ることは迫真の体験だった。

― でも今は映画を見ても、以前ほど、画面に映っていることが信じられなくなった。人工的に見えるし、時には嘘っぽくて、馬鹿げていると思えることもある。不自然だから、あれこれ考えずにはいられないんだ。体験に没入できなくなったのは、デジタルのおかげじゃないかと思う。

― これは世代差なのだろうか? 例えば、君たちのような1977年以降に生まれたポストモダン世代は、人工的なものが大好きだ。実物よりも模造品に心引かれるんだ。ラスベガスに行って、ベニスを訪れた気分になったり、自由の女神を見た気分になって面白がる。じゃがいもを食べずに、ポテトチップスばかり食べているのと一緒だ。ポテトチップスは、楽に金を儲けるために、テクノロジーによって無理やりじゃがいもから作られたものだ。

―最近の映画は、そうした作り物が増えてしまった。今の映画界は、テクノロジーとビジネスという両輪によって動いている。それを受け入れるか、拒否するのかはみんなの問題だ。

―最後に少し辛辣なことを言ったが、許してほしい。私は君たちに、ぜひ本物のよさを知ってほしいと願っている。**映画とは迫真の体験だ。見た者にとって、リアルな感動をもたらすものだ。**そのことを忘れてはならない。どうもありがとう。また会おう。

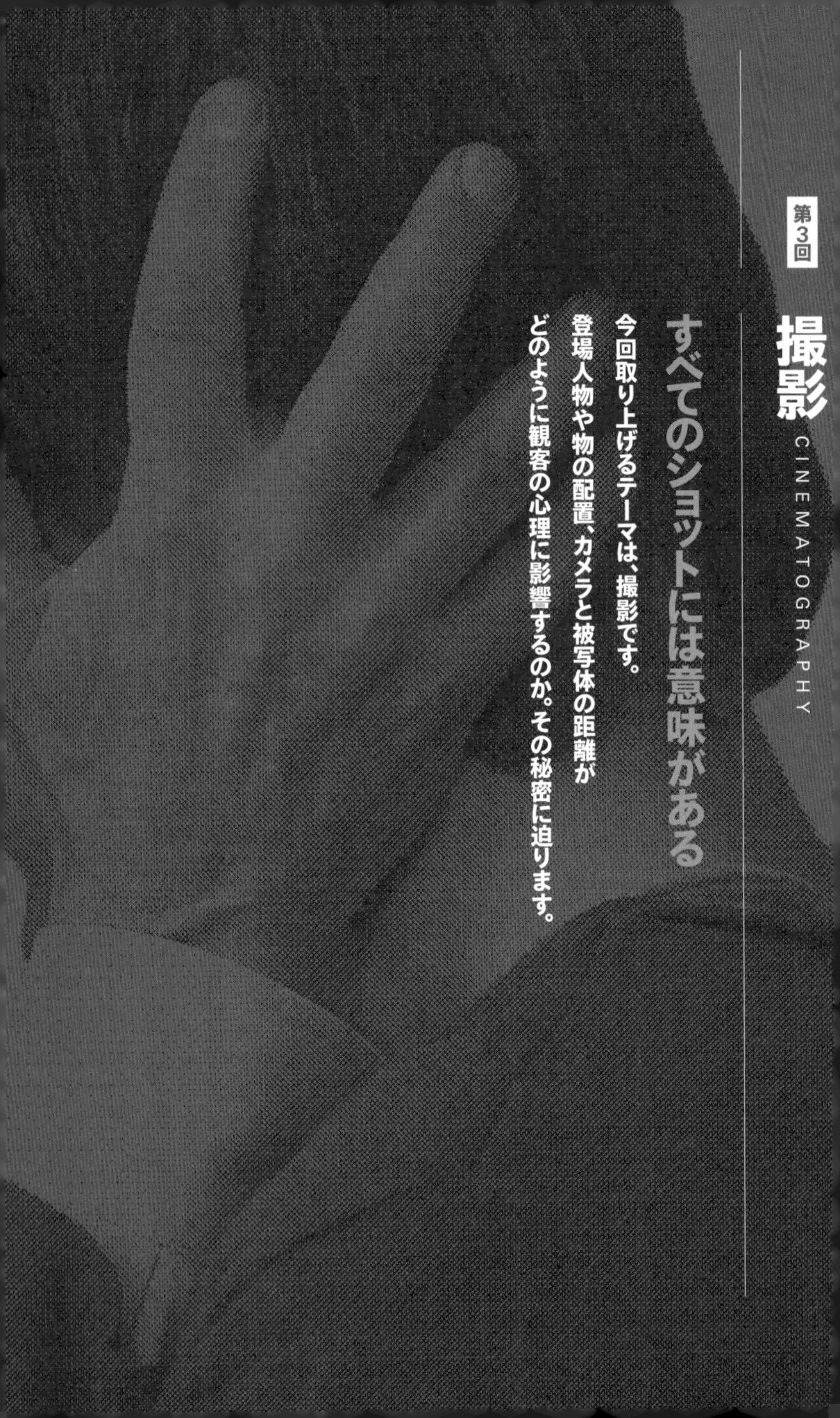

第3回

撮影

CINEMATOGRAPHY

すべてのショットには意味がある

今回取り上げるテーマは、撮影です。
登場人物や物の配置、カメラと被写体の距離が
どのように観客の心理に影響するのか。その秘密に迫ります。

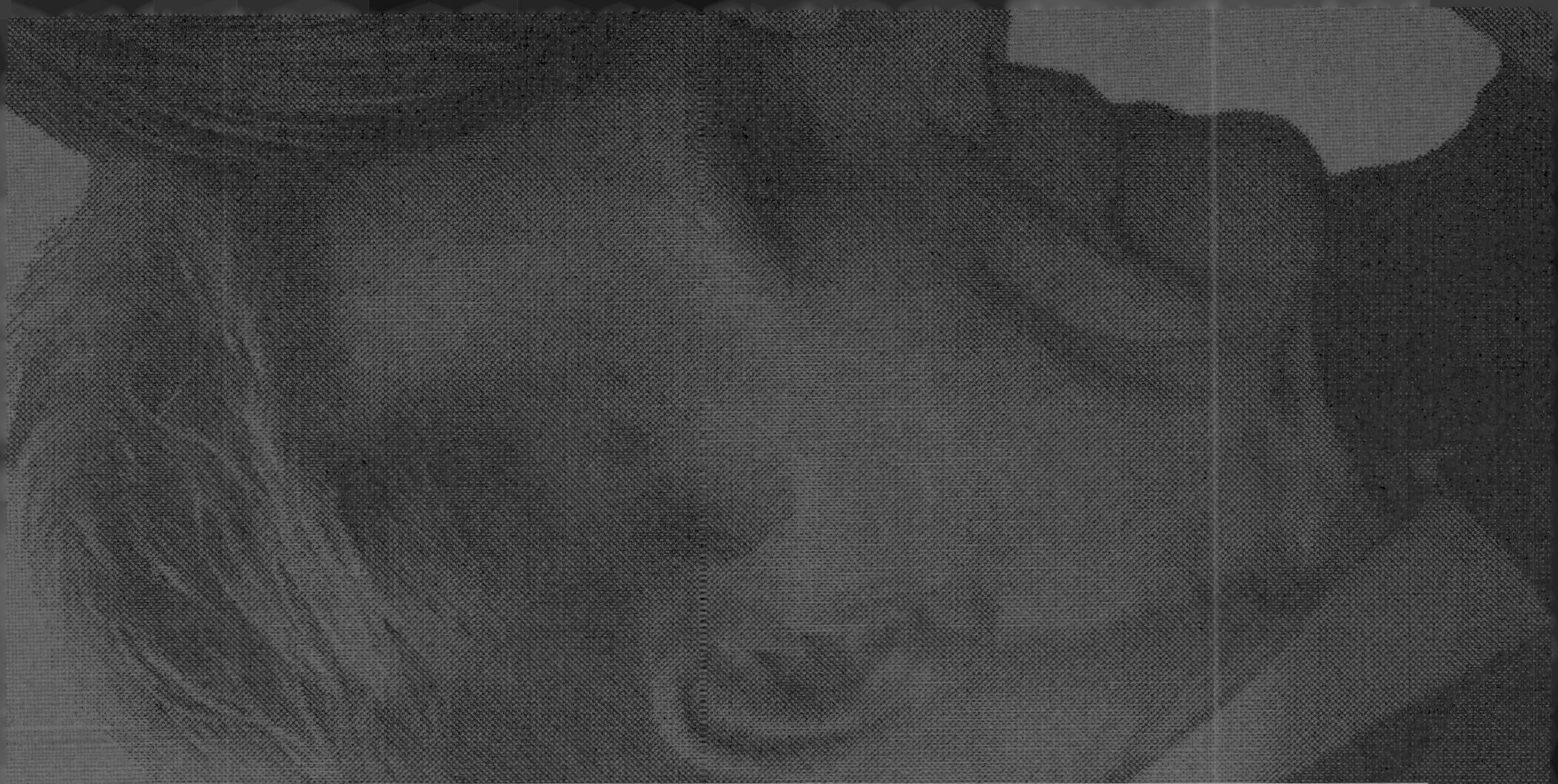

Movies of Chapter 3

1——**陽のあたる場所**［1951］監督：ジョージ・スティーヴンス｜主演：モンゴメリー・クリフト、エリザベス・テイラー

2——**ワイルドバンチ**［1969］監督：サム・ペキンパー｜主演：ウィリアム・ホールデン、ロバート・ライアン

「フレーミング」の役割

キャスパー教授　では、今日もはじめよう。今回取り上げるのは「撮影」だ。このテーマについては、3つの切り口から分析してみたい。「フレーミング」、「ステージング」、そして「カメラワーク」の3つだ。1つずつ順に説明していこう。

まずはフレーミングからだ。フレームとは、映画の画面の境界線で区切られた世界のことだ。映画は、主にこの画面の中だけで展開する。どんな芸術にも境界線や制約というものがある。例えば、舞台では、劇場の舞台と客席を区切る額縁状の部分（舞台空間との境界）を何と呼ぶだろうか？　チャールズ？

チャールズ　プロセニアムです。

キャスパー教授　そう、プロセニアム・アーチだ。役者は、劇場のプロセニアム・アーチ内で演技をする。それが役者にとっての境界線だ。第1回の講義でも触れたが、私たちの人生は混沌としていて、どこかに境界線を引くなんてことはできない。毎日は、雑然と続いている。でも、「芸術」に置き換えれば境界線を引くことができる。そうすることで理解しやすくする。

混沌とした人生も、芸術に置き換えればわかるようになる。私たちが芸術に惹かれるのは、とどのつまり、自分自身を理解したいからにほかならない。

では、フレームの役割が理解できたところで、映画のスクリーン・サイズを考えてみよう。

――――

画面サイズから見たフレーム

映画のスクリーンは、初期の頃から、横長の長方形の形をしていた。これを「**スタンダード・サイズ**」と呼ぶ。創成期にあたる1895年頃から1950年代の初頭まで、これがきわめて一般的なものだった。ところが、その後、テレビがアメリカの家庭に登場すると、あっという間に映画は観客を奪われてしまった。そこで、ハリウッドは家庭のテレビが太刀打ちできないような巨大スクリーンを作って、観客を取り戻そうとしたんだ。さまざまな比率のものが開発されたが、その中の2つの規格が現在の標準的な規格となっている。

まず、古典的なスタンダード・サイズの画面比率を見てみよう。幅4に対して高さが3なので、アスペクト比（縦横比）は1・33。『若草の頃』や『サンセット大通り』、あるいは今日見る

――――キャスパー教授

『陽のあたる場所』(1951)は、このフレームサイズで作られた。

1950年代に入ると、数々の大画面サイズが生まれたが、現在残っているのは2つだけだ。

1つ目は、パラマウントが開発した「ヴィスタヴィジョン」という撮影方式で考案されたものだ。現在では別のやり方で再現されていて、ただ「**ワイド・スクリーン**」と呼ばれている。これは幅5・55に対して高さ3で、アスペクト比は1・85だ。前回見た『マイレージ、マイライフ』はこのサイズで撮影された。

もう1つが「**シネマスコープ**」だ。これは20世紀フォックスが開発した技術で、撮影機材メーカーのパナヴィジョンが改良して普及した。幅7・05に対して高さ3、アスペクト比2・35。『いつも2人で』や、後で取り上げる『ワイルドバンチ』(1969)は、このシネマスコープ・サイズの映画だ。

2つの大型サイズが定着したおかげで、今ではスタンダード・サイズで映画が作られることはなくなった。たいていがワイド・スクリーンか、シネマスコープだ。理由はいくつもあるが、主に芸術的な意図からだ。大画面の方が、監督の選択の幅が広がる。フレームの中に何を入れ、何を入れないかを決めるのは監督の仕事だ。選んだ被写体をどのように

シネマスコープ［スコープサイズ］
CINEMASCOPE PANAVISION
アスペクト（縦横）比=2.35

3 × 7.05

ワイド・スクリーン［ヴィスタ・サイズ］
WIDESCREEN
アスペクト（縦横）比=1.85

3 × 5.55

スタンダード・サイズ
CLASSICAL FRAME
アスペクト（縦横）比=1.33

3 × 4

配置するかも監督が決める。そこに監督の個性が現れる。**監督がフレーム内に選び取ったもの、その配置から監督の狙いや、人間性を知ることができる。**

フレームと被写体の関係

キャスパー教授　それではフレームを通して、監督の意図は、どのように実現されるものなのか。重要な人物や小道具を画面のどこに捉えるべきか、考えてみよう。例えば、君たちの日常生活の中で、大切な人の写真があるとしよう。それを壁や机の上に飾ろうと思ったら、実際に飾る前に、その写真をまずどうするだろうか?

ビル　写真立てに入れます。

キャスパー教授　そう、写真立てのフレームに入れるね。それは、どうして?

ダン　汚さないためです。

キャスパー教授　……ダン、あっけにとられるよ(笑)。そりゃあ、君の答えは間違ってはいないけど、私が今、聞きたいのはそういうことじゃないことくらい分かるだろう? 代わりに答えて、ダルーシュ。

ダルーシュ　背景から分断するためです。

キャスパー教授　そうだ。背景から区切るためだ。壁や机の上にある、他のいろいろな物と区切るためだ。すると、どんな効果があるだろう？ 例えば、部屋に入って来た時にどう思う？ ゲーリー。

ゲーリー　目が引き付けられます。

キャスパー教授　そう、目がそこに引き付けられる。白い紙が黒い枠に囲まれていたら、目は真ん中の白に釘付けになる。これがいわゆる「**境界効果**」だ。では、映画館に入って、スクリーンを見たときに、その映画の中心的な人物や出来事、重要な小道具は、たいていフレームのどこにあるか？

ゲーリー　真ん中です。

キャスパー教授　そう。**重要なものは、たいていフレームの真ん中に捉えられる。**これは、サイレント時代から今に至るまでずっと変わらない。基本となる切り取り方だ。でも、真ん中からずらすことだってできる。重要な人物ややりとりを、画面の中心からあえて外すんだ。例えば、右端や、左端に置くことで、観客をはぐらかす。ヒッチコックがよく使う手だ。

—　もし大事な場面で一番重要な人物や事柄を画面の端に置いたら、それはどのような効果を持つだろうか？　あえて中心から外して、端に置くんだ。人物であれば、全身が見えなくなってしまうかもしれない。どんな効果があるだろう？

スコット　緊張感が生まれます。

キャスパー教授　そう。緊張が高まる。「崖っぷちに立つ」という言葉の通りだ。「気をつけろ。落ちたら危ない！　死ぬぞ！」。例えるなら、こんな緊張感だ。その場合、人物をフレームの右側に置くのと左側とでは、どちらがより印象が強まるだろう？

ダン　左側だと思います。

キャスパー教授　その理由は？　ダン。

ダン　文章を読むとき、左から右に目線が動くからです。

キャスパー教授　よく気がついた！　文章は左から右に読む。それと同じで、フレームを見るときも目線は左から右に向かう。だから、**右側に置くと印象が強まる**んだ。理由は合っていたが、残念ながら答えが違った。こういう驚きがあるから教えるのはやめられない！

――では、上と下ではどうだろう？　フレームの上の方に登場人物やビジュアル・デザインの要素を集中させたら？

エルヴィン　安定感に欠けます。

キャスパー教授　―　そう。不安定さのあまり、観客は心が落ち着かないに違いない。反対に、下の方に登場人物やセットがある分には動揺しない。スクリーンの下半分に重心を持っていけば、安心して映画に入り込むことができるんだ。

―　映画では通常、地面に対して並行にフレームを置くことが多い。でも監督は意のままにカメラを傾けることもできる。こうしたことにも注意を払って見るべきだ。キャロル・リード[1]の『第三の男』[2](1949)を見たことはあるかな。あの映画では、フレームを斜めに煽ることで、分割統治されたウィーンの混乱した世相、世界が沈み、バラバラになりつつあることを表現していた。

―　また、「**マスキング**」と呼ばれる方法で、フレームの形を変えることもできる。ブレイク・エドワーズ[3]の『テン』[4](1979)という映画では主役のダドリー・ムーア[5]が通りの反対側から、ベランダで日光浴をする女性を覗くシーンがあった。覚えているかい?

ゲーリー　まだ若い頃に見た映画なので……。

キャスパー教授　それは言い訳だ。きっと私の方が昔に見たはずだけど、フレームの形がどうだったかは

スコット　ちゃんと覚えているからね。スコット、主人公は何を持っていた？
キャスパー教授　望遠鏡です。
スコット　望遠鏡で向かいの女性たちを見ていたんだ。するとフレームはどうなったかな？
キャスパー教授　丸くなりました。
スコット　そうだ。望遠鏡を覗くように、画面中央に丸く切り取られた風景があって、残りの部分は黒みで覆われた。
――　セオリー通りにいくなら、まっすぐに置かれた四角いフレームの中央に重要なものを切り取る。しかし、効果があるならそうしたルールを破っても構わない。ヒッチコックやリードのようにね。彼らは伝統を守るときもあれば、無視するときもあった。あるいは『テン』のように、サイレント映画で使われた手法を駆使して被写体を印象づけることだって可能だ。

フレーム外の空間を利用する

キャスパー教授

フレームの基本的な利用法を理解できたところで、今度はフレームの外の空間について考えてみたい。

――スクリーンは4つの境界線で区切られている。上・下・右・左、この4つの線が窓枠のような働きをして、観客はその窓を通して映画の中の世界を見る。でも、**窓の外側にも無限の連続性があることを私たちは知っている。**スクリーンの中だけでなく、その枠を越えて、外側にも同じ世界が続いているのを感じることができる。なぜなら、画面の外の空間を、映画ではふんだんに利用しているからだ。

――舞台との大きな違いはそこにある。芝居の場合、私たちは舞台の上だけが物語の世界だと考えている。もし役者が舞台端から出ていけば、彼はもう楽屋に消えたと私たちは考えるだろう。舞台の書き割りの背後には、壁があることも知っている。

――舞台の世界は、基本的に、その区切られた空間にしか存在しない。役者が舞台から観客の側に、突き進んでくることもない。なぜなら、舞台上の空間には限界があるからだ。舞台の縁を越えてしまえば、そこは客席だ。物語の世界ではない。しかし、映画は違う。画面の外、オフスクリーンに6つも空間がある。

――　では、誰か、オフスクリーンの6つの空間を答えられるかい？　チャールズ。
チャールズ　まず、フレームの左側と右側です。
キャスパー教授　1つずついこう。まず、左側。
チャールズ　そして右側です。
キャスパー教授　そう、右側だ。
チャールズ　そして上です。
キャスパー教授　フレームの上と下だね。
チャールズ　それから、前と後ろもあります。
キャスパー教授　そうだ。セットの後ろとカメラの手前だね。

オフスクリーンの活用法

キャスパー教授　映画はオフスクリーンをどう活用するのか？　映画監督はどうやって6つの空間を物語に利用するのだろうか？

チャールズ　フレームの中に登場人物を入れたり、出したりします。

キャスパー教授　そう。役者がフレームの外へ歩き去ったからといって、彼がそこから、落ちて死ぬと思うだろうか？　いや、世界は続いているんだ。例えば、主人公がリビングルームにいるとする。そしてドアがバタンと閉まる。ドアが見えなくても、バタンという音が聞こえる。これはオフスクリーンの音だ。閉まるドアを見せなくても、音で画面を活気づけられるんだ。ドアの音に続いて、言い争う声が聞こえたら、画面の外でも物語が続いていると、観客はピンと来るはずだ。他にはどんなオフスクリーンの利用の仕方があるかな？　アンディ。

アンディ　エキストラとか？

キャスパー教授　エキストラ？　あのねえ、君の心が読めるわけじゃないんだ。ちゃんと説明してくれなきゃ困るよ。

アンディ　エキストラに、フレームを横切らせます。例えば、スーパーの外で、買い物袋を抱えながら、停めてある自分の車に向かって横切る、とか。

キャスパー教授　そう、スーパーから出て、カメラの前を通り過ぎて、フレームの外へ消えて行くエキストラがいるとしよう。すると画面の手前の空間を意識できるということだね。その空間は見えないが、そこにあることを意識できるんだ。車のドアが閉まって走り去る音が聞こえれば、その人は家に戻ったんだと想像できる。この場合、通りは画面に見えなくても構わない。それが言いたかったんだろう、アンディ?

アンディ　そうです!

キャスパー教授　では、他には。

ダン　戦争映画では、戦闘機が頭上を飛ぶ音がして、人々は上を見上げます。

キャスパー教授　素晴らしい! そういうことだ! **映画監督はスクリーンの中だけでなく、スクリーンの外も有効に使って、何かを伝えているんだ。**そういうことにも気をつけて映画を見てほしい。

アカデミー作品賞を逃した崇高な映画

キャスパー教授　では、ここで、ある映画を見てみよう。私が思わず笑顔になる作品だ。というのも、これは、私が君たちのような大学生の頃、ニューヨークの映画館で初めて見て以来、ずっと一番好きな映画であり続けているからだ。個人的な意見だが、この映画を一言で表すなら「崇高」

だ。そのことを感じてもらうために、今日は3回繰り返して、同じ場面を見ることにしたい。

まずは、今説明したオフスクリーンの使い方について。そしてステージングを確認し、最後はカメラワークに注目しよう。

1951年公開のこの映画は、アカデミー賞で9部門にノミネートされ、6部門を受賞した。作品賞を取り損ねたのは、アカデミー会員がビンセント・ミネリの『巴里のアメリカ人』[6]を選んだからだ。ミネリにしてはパッとしないあの映画に投票した人たちは……「地獄に落ちろ！」だ。私は本当にそう思う！

とにかくこの映画が作品賞を受賞すべきだった。でも、幸いにも監督賞は受賞した。そして脚色賞と撮影賞も受賞した。特に抑えたトーンの映像は素晴らしい。それに衣装デザイン賞と作曲賞も受賞した。その曲といったら……。フランツ・ワックスマン[7]のテーマ曲には、きっと君たちも心を奪われるだろう。

そろそろ映画のタイトルがわかった人もいるだろうか。シェリー・ウィンタース[8]は主演女優賞にノミネートされたが、受賞を逃した。モンゴメリー・クリフト[9]もノミネートだけ。エリザベス・テイラー[10]は、この映画で大人の女優の仲間入りを果たした。彼女はその後、この監督の作品にさらに2本も出演し、すばらしい演技を披露している。『ジャイアンツ』[11]（1956）と『この愛にすべてを』[12]（1971）だ。その監督とは、ジョージ・スティーヴンス[13]だ。これは監督の思いが詰まった作品だ。

さあ、その映画とは……、はい、わかった人？

アンナ――『陽のあたる場所』です。

キャスパー教授――若いのに、よくぞ私のお気に入りの映画を言い当ててくれた。うれしいよ。

――これは、セオドア・ドライザーが1925年に書いた小説、『アメリカの悲劇』を映画化したものだ。一度、ハリウッドで映画化されたが、出来を気に入らなかった著者は、死ぬまで再映画化を拒み続けた。曰く付きの作品といっていい。

――加えて、ハリウッドがマッカーシズムの渦中にあったことから、資本主義社会の盲点を突いた原作との明確な関連づけを避けるために、タイトルと主人公たちの名前が変更されている。つまり、映画化を危ぶむ多くの声をかき分けて作られたんだ。ドライザーの初期の小説が決意に満ちていたように、ジョージ・スティーヴンスは意を決して、この作品に取り組んだんだ。

陽のあたる場所［1］——オフスクリーンが生み出すリアリティ

キャスパー教授　解説はこれくらいにして、早速、映画を見てもらおう。見てもらうのは、ダンスパーティーでのシーンだ。生まれも育ちもまったく違う2人。貧しいモンゴメリー・クリフトと社交界の花形エリザベス・テイラーが、互いに愛を告白するシーンだ。ここではフレーム内ではなく、オフスクリーンの空間に注目して見てほしい。画面の外の空間がどのように使われているか？　その効果や意味はなんだろうか？　では、見てみよう。

——映画　「陽のあたる場所」1回目

キャスパー教授　チャールズ、君から始めよう。シーンの冒頭で気づいたことは？

チャールズ　2人が周囲の人たちと一緒に踊っている場面でした。

キャスパー教授　監督は場面が進むにつれて、周囲の人たちをどうしただろうか？

チャールズ　フレームから追い出していきました。

キャスパー教授　そうだ。

ダン　カメラは主人公たちに近づいて……。

キャスパー教授　そうだ。近づいて……。

ダン　2人以外には何も画面に入らなくなりました。

キャスパー教授　そう、でも、周囲の人たちは消えたわけじゃない。映ってなくてもそこにいると分かる。それはなぜ?

ダン　バンドの演奏が聞こえるからです。

キャスパー教授　演奏が聞こえるし、話し声や通り抜ける音も聞こえる。こんなふうに周囲を音に象徴させて、カメラがどんどん2人だけに詰めていった理由はなんだろう?

ダン　2人の重要性をさらに強調するためです。

キャスパー教授　さらに強調するとは、どういう意味だろう? ではスコット、人は恋に落ちると、他人の存在はどうなる?

スコット　目に入らなくなります。2人だけの世界になります。

キャスパー教授　世界はまだ存在しているが、彼らはもはやその一部ではなくなっている。2人を世界から切り離したんだ。

1951　## 陽のあたる場所｜A Place in the Sun

[1]――うっとりと夢見心地で踊る2人。
見つめ合うが距離が近すぎて、ジョージ(クリフト)の鼻が
アンジェラ(テイラー)の眉間に密着するほど迫る。
互いに愛を語ろうとするが、アンジェラは急にバルコニーへ駆け出す。
カメラは向き合う2人を接写で映し、その背後に踊っている人影を見せてい
徐々に近づいていき、駆け出す場面では、
2人の横顔が画面いっぱいに映されて、左右の余白がなくなる。
–

[**2**]――アンジェラは演奏する楽団の間をすり抜け、バルコニーに出る。
ジョージも続いてやってくる。カメラは走るアンジェラを追いかけ、
バルコニーの場面では、やってきた2人を外側から映しだす。
–

[**3**]――バルコニーに出るなり、愛を告白するアンジェラ。
この後、まっすぐにジョージを見つめるアンジェラと、
感動しているが隠し事があって心落ち着かないジョージのショットが、
互いの肩越しに繰り返される。愛を確かめ合った2人はキスをするが、
触れ合う唇はジョージの肩に隠れて画面には映されない。

[**陽のあたる場所**]
監督＝ジョージ・スティーヴンス。主演＝モンゴメリー・クリフト(ジョージ)、
エリザベス・テイラー(アンジェラ)、シェリー・ウィンタース(アリス)。
野心を秘めた青年ジョージは社交界の華アンジェラと相思相愛になるが、
恋仲だったアリスが妊娠してしまい、結婚を迫られる。
貧しさから抜け出そうとする主人公と、一途な愛を捧げる恋人の姿を通して、
社会の矛盾を浮き彫りにした作品。
[DVD「スペシャル・コレクターズ・エディション」発売中 価格：1,429円＋税
発売元：パラマウント・ジャパン]

―― もう一つ質問だ。なぜ監督は、主人公たちの胸から肩を画面の外に追い出したのだろうか？ 最初は、胸に当てた2人の絡まる手がまるまる見えていた。でもしまいには、エリザベス・テイラーの首あたりまでカメラが寄って、ダンスしてる体はほとんど映らなくなった。なぜそうしたのか？

ニコール　親密さを出すためです。

キャスパー教授　親密さ。いいだろう。そして最後には顔が特大のアップで映し出される。愛する2人は互いのどこを見つめあうか？ もちろん目だね。体のどの部分よりも、きわめて特別で、何よりも精神性を表すのが目だ。**恋愛や人間関係を描くときに、スクリーンの中の重要な要素となるのが、目だ。**監督はそのことに着目して、2人の高ぶる気持ちを強調するために、余計なものを画面の外に追い出したんだ。

ラッセル　1つ質問をいいですか？ キスの瞬間をモンゴメリー・クリフトの肩で隠したのは、当時の倫理規定と関係があるのでしょうか？

キャスパー教授　そうではない。でも、この映画が倫理上の大きな問題、「中絶」を扱ってるのは事実だ。この映画を見たことは？

ラッセル　はい、あります。

キャスパー教授　保守主義が吹き荒れていた当時、中絶についておおっぴらに語るのは問題だった。そんな時代に、アメリカの裏側をリアルに見せたものだから、この映画は多くの人の怒りを買った。でも、キスを隠した理由は他にある。何だと思う？　ロバータ。

ロバータ　禁じられた恋だったからでしょうか？

キャスパー教授　それは悪くない答えだ。私は思いつかなかった。実際には、この監督は慎み深い人物だったんだ。すぐに服を脱がして事に及んだりと、描写を重ねない。描かないことで見る人の想像に委ねたんだ。ここから先は、恋人たちだけの世界だ。見つめあう2人だけで濃密だからこれ以上はいらないと、描写を留めたんだ。

ステージングを工夫する

キャスパー教授　では次に、撮影の要素の2つめ、ステージングの話をしよう。ステージングとは、配置の問題だ。**役者同士や役者と装飾、セットや大道具、照明などの位置関係を表す。**

――配置について考えるとき、監督が、役者同士、あるいは、役者とその周りの物の関係性を描くためにまず意識するのは、お互いの「**距離**」の問題だ。

――例えばこういうことだ。ビカー、前に来て。ビカーを正面に配置して、私は一歩離れたところにいるとする。さあ、なにか話しかけて。

［ビカーとキャスパー教授が近い距離で挨拶する］

ビカー　「お元気ですか?」

キャスパー教授　「元気だよ、ビカー。君は?」

ビカー　「元気です」

キャスパー教授　こうやってお互いの距離で、何らかの関係を伝えることができる。では、三歩離れたところで同じ質問をもう一度してごらん。

［キャスパー教授がビカーから離れる］

ビカー　「お元気ですか?」

キャスパー教授　「元気だよ、君は?」。同じ質問、同じ答えだ。だが、違う意味になった。われわれの位置関係に変化があったからだ。近くで質問をしたときは、どんな関係性が読み取れた?

ニコール　親しい友達のようでした。

キャスパー教授　友達のような親しみや信頼があった。でも私が離れると、関係性は……。

ニコール　不確かです。

キャスパー教授　実生活でもそうだ。他人や物との距離の取り方で意味が変わる。私がホワイトボードのうしろから、「さあ、講義を始めます」と言ったら、私は君たちを恐れていることになる。このように関係性は、距離や位置で表現できるんだ。

水平ラインと垂直ラインの違い

キャスパー教授　監督はさらに、配置を「ライン（線）」で考えることもできる。役者や照明や美術のセッティングを、水平のライン上に配置したり、垂直のライン上に配置することもできる。また、それらをギザギザのラインを描くように配置することもできる。

―　では、水平はどうだろう。水平のラインから何を連想するかな、チャールズ。

チャールズ　横たわる死人を連想することができます。あるいは、水平に伸びる線は、世界の永続性を表すようにも思えます。

キャスパー教授　それは、ずいぶん哲学的だね！　じゃあ、チャールズ、ちょっと来て。答えはもっと簡単だ。まず、ここで寝てくれないか。みんなにいつもどうやって寝ているか見せて。

［床にまっすぐ寝そべるチャールズ］

——では、ニコール、チャールズはどんなラインだ？

ニコール　水平です。

キャスパー教授　そう。では、水平のラインは何を表す？

ニコール　秩序。

キャスパー教授　他には？

ニコール　穏やかさ。

キャスパー教授　そう、穏やかさだ。例えば、郊外の街並みは水平のラインだ。のどかな雰囲気だ。でも、都市は垂直だ。私がびしっと立っているから、おかげで君たちも講義に集中する。もし寝そべって「さあ、講義を始めよう」なんて言っていたら、みんなもだらけてしまうだろう。もし役者やセットが水平ラインになっていたら、それを、垂直ラインになるように試してみればわかる。垂直ラインは厳格で威圧的だ。並列されたものを縦に並び替えれば、雰囲気が引き締まり、場面をコントロールできるだろう。

不安定なラインの活用法

キャスパー教授 では、「**斜めのライン**」はどんなイメージを表すのか？チャールズ、今度は立って、手のひらを私の手に合わせてくれるかい？　両手ともだ。一歩ずつ下がっていくから、私に体重を預けて斜めの姿勢をとってくれ。

［チャールズが教授と手を合わせ、寄りかかるような姿勢になる］

— ほら、いまチャールズがやってくれているのが、斜めのラインだ。どんなイメージが伝わるだろうか？

チャールズ 不安定さです。

➔ 水平を表現するチャールズと寝そべる教授

キャスパー教授　その通り！　カチッとしてもいないし、リラックスもしていない。ただ不安定なんだ。今度は、ギザギザのラインをやってみよう。関節ごとに直角にねじ曲げるんだ。

――［チャールズが体中の関節をひねっていびつなポーズをとる］

ほら、見てごらん。足から踵《かかと》のラインと、踵から膝までのラインと、膝からおしりに至るラインが見事にギザギザになった。こうしたラインは何を表している？

ラッセル　ぐちゃぐちゃです。

キャスパー教授　完全な混沌。分裂状態だ。始まったと思ったら止まって、また突然始まりを迎えるような感じだ。このラインを映画に用いるときは、視線の流れに合わせて構成しないと観客には意味が感じられないから、注意する必要がある。

面で考える

キャスパー教授　それから、監督が「面」で配置する場合についても考えてみよう。最前列に座っているジャックとマリア、それからランスにも手伝ってもらおう。全員、私とチャールズの横に一列になってくれ。5人が横一列になっている状態。さて、これはいくつの面だ？

ゲーリー　1つの面です。

キャスパー教授　そうだ。では、私が一歩前に出ると面はいくつになる？

ゲーリー　2つです。

キャスパー教授　じゃあ、列の中央にいるジャックにも一歩出てもらおう。私が二歩出て、ジャックが一歩。後ろに3人の列がある。これでどうなる？

ゲーリー　3つの面になりました。

キャスパー教授　では、列にいるマリアを後ろに下げるとしよう。これだと？

ゲーリー　4つの面です。

キャスパー教授　そうだ。最後に、ランスに半歩だけ前に出てもらおう。ゲーリー、今はいくつの面が見えるかな？

ゲーリー　5つの面です。

キャスパー教授　それで、空間にどんな変化があった？

ゲーリー　奥行きが生まれました。

キャスパー教授　そう。空間に奥行きを持たせたんだ。監督は、ときには、すべてをフラットに配置する。5人が横一列に並んだように、1つの平面だけを使ったとしよう。この場合、空間は単調だ。しかし、いま見たように複数の面を使って、人物を配置することもある。こうなると、空間は開放される。監督が1つの平面だけを使う場合と、複数の面を使う場合とでは、意図が異なるから注意が必要だ。

観客の視線を引きつける方法

キャスパー教授　ステージングの基本を学んだ後は、フレーム内の「**フォルム**」が持つ意味を確認しておこう。人物の姿形がもたらすコントラストだ。ジャックだけ残って、他の3人は下がってよろしい。

――さあ、ジャック。私を見て。向かい合ったジャックと私は、1つのフレームに収まった2つのフォルムだ。ランス、君の目はどこに行く？

ランス　ジャックの方に行きました。

キャスパー教授　どうして？

ランス　フレームの右側にいるからです。

キャスパー教授　ここで注目してほしいのは、私とジャックの肉体的な特徴、すなわち、フォルムだ。ジャックの方が私より体格がいい。背は同じくらいだが、フレームに占める部分は彼の方が大きくなる。だから目が行くんだ。1つのフレーム内では、大きい形のものほど人の目を引きつけやすい。監督はこうしたことにも気をつけて、キャストを選び、適切なステージングを行わなければならない。

―　次に、フレーム内を人物が移動することは、どんな効果を及ぼすだろう?　言うまでもないが、立ったままの人物と動いている人物とでは、動いている人物の方がダイナミックだ。

―　では、左から右へ移動するのと、右から左へ移動するのでは、人間の目はどちらに引きつけられるか。さきほど、フレームを見るときは左から右に目が行くと説明したが、移動する人物の場合は「右から左」になる。

―　これは、人の期待に反しているからだ。みんな、文章にせよ、街中の標識にせよ、左から右へ文字を追って読んでいる。左から右へ、は無意識に染み付いた習性だ。だから、逆の動きをされると、かえって意識が働くんだ。

それじゃあ、前と後ろではどうだろう? さっきアンディが話したように、カメラに向かってくるのと、逆に離れていくのとでは、どちらの方が印象に残るだろうか。

もうお気づきと思うが、それは、「カメラに向かってくる方」だ。これも実生活を反映している。「わかってると思うが、君はものを知らなさすぎるよ」とは、友好的な言い方だ。でも、「お前、ものを知らなさすぎるぞ」と正面切って言われたら、落ち込むだろう? 真っ向から向かってくる方が印象深いのは、これと同じだ。

いま話した例は、基本的な注目の集め方だ。実際には、場面ごとに、さまざまな工夫が編みだされていると言えるだろう。監督は、フレーム内の配置、人物間の距離、身体的特徴、動きを通して、さまざまなコントラストを生み出す。普段ものを見ているときの感覚を利用して、観客の目を引きつけるんだ。一度、観客の目をとらえたら、乗り移ったも同じだ。心を自在に操ることができるだろう。

陽のあたる場所［2］——ステージングの実際例

キャスパー教授　さて再び『陽のあたる場所』の映像を見てみよう。今回は、人物の配置に注目して見てほしい。被写体の間の距離はどうなっているか? 配置を通して監督が映像に込めている意図を読み取ってみよう。『陽のあたる場所』から同じシーンだ。

――――**映画**　**「陽のあたる場所」2回目**

キャスパー教授　まず、被写体間の距離を確認しよう。2人の関係はどう描かれているだろう?

ブライアン　始めから終わりまでかなり接近しています。

キャスパー教授　そう、かなり親密だ。2人はどれくらいの距離だった? 監督は運命で結ばれた2人をどう表現しただろう?

ブライアン　鼻と鼻がぶつかるくらい、近づいていました。

キャスパー教授　そう、鼻と鼻が重なりあう寸前だ。まるでジグソー

➔ 親密さを表す距離を実演する教授

パズルだ。ブライアン、前に来て、私と向き合って、君の鼻を私の眉間に密着させるんだ。よし、みんな見てくれ。こんなふうに、2人の鼻や顔を使って、まるで組み合わされたジグソーパズルのように表現した。見事な演出だ。では、ラインについてはどうだろう？ どんな線が使われていただろう？ アンディ、答えてくれ。

アンディ　バルコニーの場面では、モンゴメリー・クリフトの肩がどんどん上がって、斜めのラインが強調されていた気がします。それはさっき教わった不安定さの演出で、エリザベス・テイラーはたぶん自分の気持ちの強さに恐れをなしている。監督はそのことを強調するために、彼女の顔を徐々に隠したのだと思います。

キャスパー教授　君はこの映画を観ていないね？

アンディ　観ていません。

キャスパー教授　エリザベス・テイラーは基本的にどんなライン？

アンディ　垂直です。

キャスパー教授　そう、彼女は垂直のラインだ。これは、正直に真実だけを語る女性であることを物語っている。ところが、モンゴメリー・クリフトの方は斜めのラインだ。身をかがめて、肩もせり上がっている。それは彼が隠し事をしているからだ。恋人がいて、身籠っていることを伏せている。だから、まっすぐな彼女に対して、彼はいつも斜めなんだ。では、役者の動きについてはどういうことが言えるだろうか？ ラッセル。

ラッセル　彼女は怖くなり、振り向きます。そして、自分の気持ちを告白するため、2人だけになれるバルコニーへと移動しました。

キャスパー教授　シーンの中で、それがほとんど唯一の動きだった。

ラッセル　バルコニーでは、見つめ合う2人の様子を映し、次にお互いの表情のリアクションを撮るために、肩越しに交互に撮影していました。

キャスパー教授　アンディの言うように、彼の肩や頭は斜めのラインになっていた。それに対して、彼女はずっとまっすぐだ。

ラッセル　そうして、彼女の言葉に対する彼の反応を中心に撮っていました。

キャスパー教授　もちろん全体としては、2人だけの親密な世界として描いた。移動の場面を除けば2人はぴったりとくっつくようにしていた。他の誰も必要としない恋人たちの世界が表現されていた。

6つの基本となるカメラワーク

キャスパー教授――「フレーミング」「ステージング」と話を進めたところで、今日の最後のテーマになる「カメラワーク」の考察に入ろう。

――監督は、カメラワークを通じて、映像に意味を与える。人物同士の距離がステージングの基本だとすれば、カメラと被写体の距離がカメラワークの基本となる。人物を遠くから見せたいのか、あるいは、近くから見せたいのか。それぞれの理由は何か。距離感はレンズで作り出すことも可能だが、カメラと被写体との実際の距離で調節することもできる。大切なのは、場面に応じた距離感であり、観客に被写体をどんなサイズで見せるか、ということだ。

――人物を撮る場合、映画では通常、意味や状況に応じて、6つのショットを使い分けている。

――1つめの視点は「**ロングショット**」だ。人物は小さくしか映らないが、代わりに、空や建物、木、道路、柱など周囲の状況が分かる。これがロングショットだ。

――2つめは「**フルショット**」と呼ばれ、人物の全身が頭から足の先まで画面いっぱいに入る。背景はもうそれほど重要ではない。人物が中心だ。

3つめは「**ミディアムショット**」と呼ばれる。人物の場合は、ひざから上を映すショットのことだ。これがミディアムショット。人物の腰から上を映す場合は、「**ミディアムクローズアップ**」とか、「**ウエストショット**」と言う。腰から上、上半身だけだ。

人物の顔を画面いっぱいに映すのが、「**クローズアップ**」だ。そして、人物の顔の細部にまで接近するのが、「**超クローズアップ**」、あるいは「**ディテールショット**」だ。

映画で用いられる6つのショット

ロングショット

フルショット

ミディアムショット
［ニーショット］

ミディアムクローズアップ
［ウエストショット］

クローズアップ

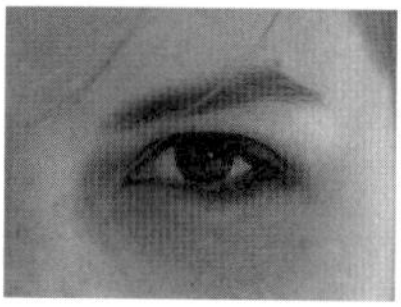
超クローズアップ
［ディテールショット］

時間と空間の関係

キャスパー教授——基本となる6つのショットを理解したところで私の説を聞いてほしい。これは撮影でも、編集に際しても、理解しておかなくてはいけないことだ。それは「**時間と空間は相関関係にある**」ということだ。

——映像において、空間を操作すると、時間に影響が与えられる。逆に、編集の段階で、時間を操作すると、空間に作用する。編集については、次回の講義で取り上げるから、そのときにまた話そう。とにかく、時間と空間は相関関係にあるんだ。

——例えば、ロングショットと超クローズアップを、それぞれ5秒ずつ見せたとして、どちらが短く感じられるだろうか？ ゲーリー。

ゲーリー——そうですね、えっと……。

キャスパー教授——間違わないでくれよ。

ゲーリー——微妙なところですが、たぶん、超クローズアップの方でしょうか？

キャスパー教授——短く感じるのか？ 理由は？

ゲーリー　なぜなら……いや、意見を変えます。ロングショットの方です。

キャスパー教授　冷や汗をかかさないでくれ（笑）。そうだ。ロングショットだ。

ゲーリー　理由は、被写体に近づきたいという気持ちが生まれるからです。

キャスパー教授　その理由は悪くない。でも私はそんな風に考えたことがなかった。他の理由は？

スコット　画面の中に、ものがたくさんあるからです。

キャスパー教授　画面の空間が広く、情報量がたくさんあるため、見るのに時間がかかるからだ。でも目のアップを5秒も見せられたら、もう我慢できない。ヒッチコックの『サイコ』[14]（1960）のシャワーシーンで、殺される女性の目のアップがあっただろう？ 観客は「こんな怖い場所からは早く逃げたい！」と思う。でもヒッチコックは、ずっと目のアップを撮り続けた。

—　アップの場合、実際に映しだされる時間以上に、映像は長く感じられるものだ。あの映画では、目の超クローズアップからズームバックして、顔全体のアップにたどりつくまで30秒ほどだ。だが、観客にはそれ以上に長い時間が感じられたに違いない。

—　こうしたショットの違いが生み出す効果は、レンズによっても生み出すことができる。一例を挙げると、人物が広角レンズの中で動く場合と、望遠レンズの中で動く場合とでは、広角レンズを使ったときの方が速く感じられるんだ。時間と空間が相関関係にあることを、このことからも理解しておいてほしい。

陽のあたる場所［3］——カメラ移動の実際例

キャスパー教授 —— さて、監督はショットのサイズを決めたら、次に、カメラをどう動かすかも決めなくてはいけない。静止しているのか、動かすのか。もし動かすなら、どんな動かし方をすべきなのか。

— カメラを動かす一つの方法は、タイヤやレールを使う「**移動ショット**」だ。あるいは、三脚に乗せて、カメラ自体は移動させない場合もある。三脚の上から上下左右にパンをする。「**パン**」とは、位置を固定したまま首を振るようにカメラを動かすやり方だ。

— つまり、実際の撮影現場では、監督には無数の選択肢があるわけだ。フレーム内で役者や大道具、照明を動かすのか？ あるいは役者はそのままにして、カメラの方を動かすのか？ この2つを組み合わせて、複雑な動きを作り出すことも可能だ。さらにはフレームの中だけでなく、外へも動きをつけることができる。

― これらのことを踏まえて、『陽のあたる場所』をもう一度見てほしい。3回目の上映で注目してほしいのは、カメラと被写体の距離。それにカメラのアングルや動きだ。

――映画 **「陽のあたる場所」3回目**

キャスパー教授 カメラと被写体の距離はどうだった？ アンディ。

アンディ カメラはしだいに2人に近づいていきます。

キャスパー教授 そうだね、カメラと2人の距離はゆっくり近づいていった。

アンディ 親密感が強まり、注意を引きつけられます。

キャスパー教授 よし。では、アングルはどうだろう？ 恋人たちをどのような角度で撮っていたか？ シーンごとにどう変化したか？ ラッセル。

ラッセル エリザベス・テイラーが駆け出すまでカメラは正面から2人の横顔を撮っていました。

キャスパー教授 カメラ・アングルは5・5フィート（約168センチ）の高さから、まっすぐに被写体を捉えていた。これがアメリカ人の平均的な目線の高さ（アイ・レベル）であり、ハリウッドで最もよく使われるカメラ・ポジションだ。それから？

ラッセル　バルコニーでは、少し下から撮っていました。

キャスパー教授　そう、ローアングルだ。実際以上に理想的な情景に撮りたい場合は、ローアングルを使う。物事を美化する効果があるからだ。さて、恋人たちがダンスホールからバルコニーに出る場面で、なぜ監督はカメラごと移動させたのだろうか？

ラッセル　移動した距離を見せて、監督は時間を縮めたかったのです。

キャスパー教授　それは間違っている。時間を短縮したいなら、編集して、すぐに、バルコニーの映像に切り替えるべきだ。なぜ、わざわざ間を作って、移動の動きを見せているのだろうか？　ダルーシュ。

ダルーシュ　彼女は、彼と話を続けるために、外に出る必要があったからです。

キャスパー教授　確かにそれもある。大勢がいる場所で愛を告白するには、ためらいがあったからだ。彼女はまだ18歳で、うぶだ。そういうことだね。でも、他に理由はないだろうか？

ダン　2人だけの空間にするためです。

キャスパー教授　それも確かに、そうだ。カメラを2人に近づけることで、空間を2人だけに限定した。でも、私が聞いているのは、そのことではない。なぜ、わざわざ、カメラに動きを与えたのか？

ダン　時間の流れに変化をつけるためですか？　2人とカメラは静止していますが、やがて、彼女と共にカメラも動き、移動します。そして、バルコニーに出て止まりました。

キャスパー教授　私が言おうとしたことを、少し違った言い方で説明してくれたようだ。こう考えてみてほしい。これは非常に緊張した、濃密なシーンだ。長くひっぱることはできない。続けるためには、観客に少し「間」を与えなきゃいけないんだ。**少し気分を解放してから、再び緊張を高めていく。**

―　これはヒッチコックが得意とした手でもある。サスペンスをユーモアでいったんゆるめて、それからまた緊張を高めていくんだ。このラブシーンでも同じだ。ダンスホールでは、ずっと濃密なシーンが続いていたから一度それを解放したかったんだ。彼女だけでなく、カメラごと移動することで間を作った。そして、また緊張感を高めていったんだ。

ワイルドバンチ――映画を鮮烈にする方法

キャスパー教授　カメラの客観性と主観性を論じて、今日の講義を終わりにしよう。基本的に、カメラは出来事を背後からとらえ、客観的に記録していく。しかし、主観的な視点を持つこ

ラッセル　ともできる。カメラが主観的になるとは、どういう意味だろうか?

キャスパー教授　登場人物の視点になるということです。

――　その通り! 例えば、ぐるっと見回すようなショットを使えばカメラは登場人物の目の代わりになれる。登場人物が、部屋を眺めている映像になる。それが主観ショットだ。

それでは最後に、公開当時、大きな話題をさらったサム・ペキンパー[15]の『ワイルドバンチ』を見てみよう。この映画では、特徴的な主観ショットが使われているので、見つけてほしい。それから監督がどのように時間を操作しながら撮影したかも注目してほしい。2つのことを念頭に、最初のエピソードである銀行強盗のシーンを見てみよう。

――映画「**ワイルドバンチ**」

キャスパー教授　まずは時間操作について話そう。2つのスピードがあったね。1つはもちろん現実のそのままのスピードだ。あとは?

ラッセル　スローモーションです。

キャスパー教授　スローモーションを使った理由は?

1969

ワイルドバンチ | The Wild Bunch

鳴り響く銃声。白昼の路上を逃げ惑う市民たち。
金貨を奪い、馬で立ち去ろうとする強盗団の一味を、
屋上からソーントン(ライアン)ら雇われた賞金稼ぎが銃撃する。
ソーントンと強盗団の首領パイク(ホールデン)は互いに相手を撃ち損ねる。
雨あられと降る銃弾に次々と市民が巻き添えになり、
馬に踏み付けにされる女性や、
抱き合って呆然とやり過ごす少年少女が映される。
細かいショットをスピーディにつないで、狂気の沙汰を描いている。
馬に乗っていた男が撃たれる場面では、転げ落ちる瞬間、
男が目にした光景が提示される(主観ショット)。
また、撃たれた馬や人間が倒れる場面では、
スローモーションを用いて、暴力の残虐性が強調される。

[**ワイルドバンチ**]
監督=サム・ペキンパー。
主演=ウィリアム・ホールデン(パイク)、ロバート・ライアン(ソーントン)。
強盗団を率いる初老のパイクは、最後の一稼ぎのつもりで鉄道会社を襲うが、
かつての仲間ソーントンを頭目とする賞金稼ぎの銃撃を受ける。
生き延びたパイクらは革命最中のメキシコへ渡り、
反政府軍に米軍の武器強奪を持ちかけられる。
時代の波に取り残されたアウトローを鮮烈に描いた西部劇。
[DVD発売中 価格:¥1,429+税 | ワーナー・ブラザース・ホームエンターテイメント]

ラッセル　暴力性や銃撃の印象を強めるためです。

キャスパー教授　いいだろう。カメラは、現実のスピードを撮影できる。しかし時間を速めたり、あるいは、遅くして撮ることも可能だ。こうしたカメラの特性は、そのまま映画でも活かすことができるんだ。それに編集すれば場面を繰り返すことだってできる。どれも現実の人生では不可能なことだ。人生のある瞬間をゆっくりになんてできないだろう？　しかし映画では時間を操作して、印象を強めることができる。

――では、リアルタイムとスローモーションが交互に映されると、心理的にどんな効果を与えるだろうか？

ラッセル　混沌とします。

キャスパー教授　そう、混沌に巻き込まれるんだ。**監督はこの場面の狂気、度を越えた状況を伝えようとして、リアルタイムとスローモーションを混ぜたんだ。**では、この中の主観ショットに気づいただろうか？　クリスチーナはうなずいているね。どこにあった？

クリスチーナ　馬に乗った男が撃たれたときです。

キャスパー教授　そうだ。男が撃たれて倒れる。その時、彼が死ぬ瞬間に、最後に目にした足元の地面が映し出される。これが主観ショットだ。

―優れた映像は、君たちをストーリーのまっ只中の特等席に招待してくれる。目の前で、手でさわれるくらいの感覚を与えてくれる。監督は、そのように撮影プランを組み立てなくてはならない。

―素晴らしい映像は、心に衝撃を走らせる。衝撃だけでなく、じわじわと心に響き渡るものもある。そのような映画は、生涯にわたって心にいつまでも残り、財産となり、言葉を超えた濃密な体験を君たちに与えてくれるだろう。では、今日も素晴らしい時間をありがとう。

第4回

編集

EDITING

時間と空間の魔術

第4回のテーマは、「編集」。
映画が発明した、時間と空間を自在に操るテクニックを解き明かし、
時空を操るハリウッドの編集の魔術に迫ります。

Movies of Chapter 4

1——**ファーゴ**［1996］監督／脚本：ジョエル・コーエン｜主演：フランシス・マクドーマンド

2——**チャイナタウン**［1974］監督：ロマン・ポランスキー｜主演：ジャック・ニコルソン、フェイ・ダナウェイ

3——**フレンチ・コネクション**［1971］監督：ウィリアム・フリードキン｜主演：ジーン・ハックマン

4——**ゴッドファーザー**［1972］監督：フランシス・フォード・コッポラ｜主演：アル・パチーノ

ショットと時間の関係

キャスパー教授——さあ今日は、映画における、時間の構成について考えよう。前回の講義で教えた「撮影」に関する3つの事柄は、すべて「空間」をどう構成するかにつながっていた。今回は、もう1つの次元である「時間」を考えることで、映画の連続性がもつ特質を明らかにしよう。

——まず、映画では、どんなふうに時間は構成されるのか。それは、1ショット当たりの「ペース」をもとに生み出される。ペースは「タイミング」と言い換えてもいい。いずれにしても、1つの空間構成で継続されたショットが基盤になる。

——はじめに、ショットの長さを決める伝統的なルールをおさらいしておこう。映画では、ショットが始まるとともに内容が明らかになり、充分な情報量を与えたところで終えるのが通例だ。

——もちろん、ヒッチコックのように、情報を明らかにしないまま、次のショットが展開され、より大きなサスペンスを生み出すやり方もある。また、イタリアの名監督アントニオーニ[1]のように、何も情報を与えないまま、さまざまなショットを繰り返し、観客に「いったいどうなっているんだ?」と思わせたところで、不意に情報を示すというやり方もある。

――ではどうすれば、1ショット当たりの時間の進行を速めたり、遅らせたりすることができるのか? 実は、これまでの講義で話したことのなかに、時間に関連するトピックがあった。何かわかるかい。ジャック。

ジャック　アングルを使い分けることです。

キャスパー教授　その通り! 空間を構成する際、ハイアングルやローアングルを使えば、アイ・レベルのアングルに比べて進行が速く感じられる。そのほかには、どうだろう?

マーティン　複数の人物が一斉に芝居をするのも効果的です。

キャスパー教授　そう。これはステージングの応用になる。フレーム内の人物が重なりあうように喋ったり、動いたりすれば、見るべきものが増えて時間が短く感じられる。ブライアンは?

ブライアン　アップではなくロングを使うことですか?

キャスパー教授　確かに、アップの後にロングショットが来れば、時間は短く感じられるね。では、ビジュアル・デザインで同じ効果を出すには、どうすればいい?

ダリウシュ　セットの装飾を増やします。

キャスパー教授　お見事だ。装飾を増やせば、観客は見るべきものが増えるから、進行が速く感じられる。**このように、カメラ、演技、ビジュアル・デザインが一体となって、ショットのペース（タイミング）を形成する。映画のショットとは、テンポを体現しているんだ。**

編集で時間を操る

キャスパー教授　それでは、映画はおおよそ、いくつぐらいのカットで成立していると思う？　平均すると1つの作品には、何ショットあるだろうか？

ラッセル　2000から3000ショットくらいですか。

キャスパー教授　今はそれくらいだろう。昔は500から600ショットで、もっとゆったりとしていた。ところが、1963年のヒッチコックの『鳥』[2]で状況が変わった。『鳥』は約1300ショットで、当時としては前代未聞の多さだった。

――今の映画で特にショット数が多いのは、マイケル・ベイ[3]の映画だろう。何万ものショットが矢継ぎ早に使われて、目が追いつかない。でも、それでいいんだ。もともと、個々のショットに注意を向けるように作ってはいないんだから。

—　とにかく、今やおびただしい数のショットで映画は構成されている。ショットAからショットBへ、さらにショットC、ショットDへと進むことで、画面に動きが生まれる。**ショットを重ねることで、フレーム間の動きを形成できる。**ちなみに前回、画面構成の基本をステージングとカメラワークの観点から確認したよね。まずは、フレーム内の人物の距離だ。もう1つは何だろうか？

エヴァン　カメラと被写体の距離です。

キャスパー教授　そう。ステージングはフレーム内の人物配置を基本とし、カメラワークはフレーム外にあるカメラをどう動かすかが基本となる。そして今回、**編集を学ぶために注目したいのは、フレームからフレームへの連関だ。**この3つが映画の基本をなしているんだ。

—　編集の要点は、ショットとショットをつなげることによって、時間構成上、最初のペースとは異なる別のペースを作りだせることにある。別のタイミング、別のテンポを生みだすことが可能になる。そうして、さまざまなテンポを織りなしながら、1本の映画は進んでいく。例えば、ショット数が多い映画と少ない映画とでは、どちらがより短く感じられるだろうか？　スコット。

スコット　ショット数が多い映画です。

キャスパー教授　そうだ。ショット数が多いほど、見せられる空間も多くなり、時間が短く感じられる。映画では、1ショットの時間を工夫する一方で、このようにショットとショット、つまり、フレーム間のつながりを調整しながら、全体のテンポを作りだすんだ。

時間の構成単位

キャスパー教授　さて、ここで改めて、映画における時間の構成単位を確認しておこう。これまで使ってきた「ショット」「シーン」「シークエンス」という言葉には、それぞれの時間の持つ特質が現れている。

――まず、1つの空間構成で継続された一区切りの時間を、「**ショット**」という。カメラで切り取られた時間の最小単位のことだ。編集する場合のペースをなす。

――次に、同じ空間構成、同じ時間を共有する複数のショットがつながったものを、「**シーン**」

という。いろんなアングルから撮ったショットが結びついて、映画に動きが生まれる。そして、シーンが組み合わさり、次の展開に至るまでが「**シークエンス**」と呼ばれている。つまり、映画は、ショット、シーン、シークエンスという3つの時間の尺度で構成されているというわけだ。

— 『サンセット大通り』を例にとろう。この映画の冒頭のショットは、サンセット通りの歩道の縁石だ。それから、カメラは嘗めるようにパンして、走る車を映しだす。車はそのまま大邸宅に滑り込んで、プールに浮かぶ死体の場面となる。じゃあ、聞こう。最初のシーンはどこまでだ? エヴァン。

エヴァン 車が大邸宅に到着するまでです。

キャスパー教授 そうだ。そして次のシーンは、家に到着した車から警官や記者が走り出すところだ。最後に、プールのシーンとなる。つまり、この映画は、3つのシーンから、オープニングのシークエンスが構成されている。

— そして、いずれのシーンも、「現在」に関係し、時間的な連続性がある。

『ファーゴ』と『チャイナタウン』――時間構成と心理の関係

キャスパー教授――3つの時間の単位が理解できたところで、もう一度、ショットの説明に戻ることにしよう。一口に、基本のペースをなすといっても、実際の長さは監督の意図によってまちまちだからだ。

――ほとんどの場合、監督はショットを分割してシーンを撮り進める。その際、1ショットの長さを1秒から10秒ほどにすることが多い。しかしシーンによっては、ショットを割らず、何分も続けて撮ることだってある。こうした「**ロングテイク**」は、監督が特別な意図をもって用いるケースが多い。

――要するに、シーンを構成する際には、ショットを割る場合とロングテイクの2種類の方法があって、どちらを選択するかで、時間の流れがまるで違ってくる。このことを理解してもらうためにも、今日は、まず最初に、好対照な2つの映画を見て、両者の違いを考えてほしい。

――では最初に、コーエン兄弟[4]が監督した『ファーゴ』(1996)を見てみよう。民家に男たちが押し入ってきて、主婦を誘拐する場面だ。実は、すべては彼女の夫が仕組んだ狂言誘拐だ。ここでは、短いショットを重ねて、どんな効果を挙げているのか注目してほしい。次に、ロマン・ポランスキーの『チャイナタウン』（1974）を上映しよう。こちらは映画のラストシーンだ。なぜ、ポランスキーは映画の最後にロングテイクを使ったのか。いくつものショットをつなげることをしなかったのか、考えながら見てほしい。

――映画 「ファーゴ」

――映画 「チャイナタウン」

キャスパー教授 2つを比較して気づいたことは? アンディ。

アンディ 『チャイナタウン』の場合、ロングテイクだから、観客は否応なしにその瞬間に釘付けにされます。ひと息つくことができないから、張りつめた空気が増していきます。これに対して、『ファーゴ』は、所々に笑いが入り、楽に見ることができます。

キャスパー教授 実にするどく、正しい分析だ。他に何が考えられるかな。『チャイナタウン』を見たことは?

アンディ ありません。

キャスパー教授 では、見た人に聞こう。ラッセル、『チャイナタウン』のテーマを一言で言うと?

ラッセル 欲望と腐敗です。

キャスパー教授　主人公の探偵（ジャック・ニコルソン）[5]は殺人事件を捜査する過程で、別の殺人事件を起こしてしまう。下手に手を出さずにいた方がよかったわけだ。まさにチャイナタウンだ。この街では、すべての運命はつながっていて、抜け出すことができない。これがテーマだ。
――街の腐敗を象徴する人物が、最後に撃たれるヒロイン（フェイ・ダナウェイ）[6]だ。権力者である父にセックスを強要された彼女は、わが娘をめぐるおぞましい関係から逃れることができない。探偵に頬をぶたれて、「私の妹は、私の娘でもあるの！」と泣く泣く告白する。
最後のロングテイクは、こうした運命の避けがたさを暗示しているんだ。
――では、『ファーゴ』についてはどうかな？　いくつものショットをつなげて、どんな効果を生んでいるか。はい、後ろの君。名前は？
チャールズ　チャールズです。
キャスパー教授　チャールズ。どんな効果を生んでいると思う？
チャールズ　サスペンスと緊張感を生みます。
キャスパー教授　そう、サスペンスが生まれる。ほかには？　ブライアン。
ブライアン　視点を替えることができます。

ファーゴ | Fargo

ジェリー(メイシー)の妻ジーンが編み物をする手を休めて、窓の外を見る。
黒い覆面の男がベランダから中をうかがっている。
男が窓を叩き割り、驚いたジーンは走って逃げ出すが、
玄関から別の覆面男が押し入り羽交い絞めにされる。
ジーンは噛みついて抵抗し、ほうほうの体で2階へ逃げる。
受話器を手に奥の浴室にこもるが、ドア越しに受話器のコードを引っ張られ、
窮地に陥る。最後にドアが押し破られ、狂乱したジーンが階段を転がり落ちる。
2分ほどの場面に40近いショットが用いられ、
アクションに応じた緩急のペースがつけられている。
誘拐犯の1人が噛まれた傷口に薬を塗ったり、
浴槽のカーテンをかぶったままジーンが転げ落ちるといった、
笑いを誘う描写も盛り込まれている。

[**ファーゴ**]
監督=ジョエル・コーエン。
主演=フランシス・マクドーマンド(警察署長マージ)、ウィリアム・H・メイシー(ジェリー)。
自動車セールスマンのジェリーは借金に追われ、
会社経営者の義父から大金をせしめようと妻の狂言誘拐を思いつくが、
依頼した誘拐犯が警官を殺害したことから泥沼に追い込まれる。
第69回アカデミー賞で脚本賞(コーエン兄弟)、主演女優賞を受賞。
[Blu-ray & DVD発売中 価格:Blu-ray ¥1,905+税/DVD ¥1,419+税
発売元:20世紀フォックスホームエンターテイメント

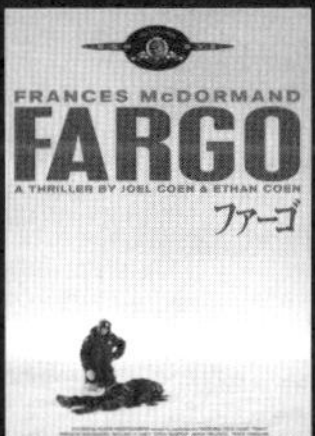

キャスパー教授　視点を切り替え、混乱した状況を伝えている。何が起きているのか、誰もわからない。彼女から、彼から、第三者からと、誰もが違う視点で状況を見ているんだ。では、ムードはどうだろう。ロングテイクの『チャイナタウン』と、ショットを小刻みにカットしている『ファーゴ』とでは、醸すムードがまったく違う。どんなムードなのか、ランス。

ランス　うまく言えないけど、誘拐されるシーンなのに、あまりリアルな感じがしませんでした。

キャスパー教授　どちらがリアルかという質問ではなかったが、それはいい指摘だ。『チャイナタウン』の方が、映像的にもはるかにリアルだ。編集で手をくわえていない分、現実の空間と時間に近いんだ。

――さて、『チャイナタウン』のムードは？

マイク　敗北感が漂ってました。

キャスパー教授　悪くない表現だ。できることは何一つない。結局なるようにしかならないという無力感に充ちている。ラストで主人公が重い足取りで去っていったことからもわかるように『チャイナタウン』は、テンションが低い。

――一方、『ファーゴ』では、事態がダイナミックに展開していき、テンションが高い。だから畳み込むようにショットを切り替えて、時間が楽しく過ぎるように編集されていた。

1974

チャイナタウン | Chinatown

暗い通りにクラクションが鳴り響き、女の悲鳴が聞こえる。
探偵ジェイク(ニコルソン)が走ってきて、女のいるオープンカーにたどり着く。
助手席のドアを開けると、
銃弾に倒れたイブリン(フェイ・ダナウェイ)の無惨な姿が見える。
刑事が部下に話しかけるうちに、野次馬が集まってくる。
その中から父親が現れて、運転席で泣き叫ぶ娘を連れ去ってゆく。
絶望したジェイクは刑事に付き添われてその場を去り、
サイレンとともにパトカーが到着する。
2分半に及ぶ長い場面をたったの1ショットで撮影している。
カメラは長い時間ジェイクのそばにあって事件と彼のリアクションを見守るが、
ジェイクが立ち去るとともに上昇し、遠くからやってくるパトカーを映しだす。
去り際に交わされるセリフ、「なまけ者の街だ」「これがチャイナタウンだ」が
映画の世界を象徴している。

[**チャイナタウン**]
監督=ロマン・ポランスキー、主演=ジャック・ニコルソン(ジェイク)、フェイ・ダナウェイ(エヴリン)。
ロサンゼルスの私立探偵ジェイクはある女性から夫の浮気調査を依頼されるが、
その夫が殺害された上、依頼人はエヴリンという別の女性だったことを知る。
水道利権をめぐる陰謀と近親相姦による悲劇を描いたフィルム・ノワール。
第47回アカデミー賞で脚本賞受賞。
[Blu-ray & DVD発売中 価格:Blu-ray ¥1,905+税/DVD ¥1,419+税
発売元:20世紀フォックスホームエンターテイメント

――このように、**映画は時間構成、ショットごとのペース配分によって、まるで違う心理的効果をもたらせる。**編集でペースを操ることで、まったく別の効果が作りだせるんだ。

編集の醍醐味とは？

キャスパー教授――これまで編集が時間に及ぼす効果をみてきた。次に、編集作業を通じて、時間と空間をどのように操作するのか分析しよう。

――そもそも映画の登場が画期的だったのは、舞台と違って、時間と空間を分解できたからだ。最初のショットが1900年のパリで、次のショットが17世紀のブエノスアイレスでも、映画は構わない。現実の人生と違うのはそこだ。

――例えば、私たちは時間も空間もつながっている。私が立つこの床は、ひとつなぎで君たちの足元の床につながっている。時間だって、今は1時20分5秒、1時20分6秒、1時20分7秒と連続している。現実世界では、時空間を解き放つことはできない。だから、初期の作り手たちは、映画では時間と空間を分解できると気づいて、こいつはすごいぞと感激した。

——ところが一方で、彼らは現実と同様に、時空間に連続性を持たせようとも考えた。時間と空間を分解できるのにもかかわらず、AとB、BとC、CとAにつながりを持たせようとしたんだ。そして、そのような連続性への配慮を編集に持ち込んだ。なぜなら、映画というのはたいした発明品だが、それでも舞台と変わらないものだと主張したかったからだ。

——編集において、日常的な連続性が重視されたのは、こうした理由による。そうしてショットをつないで、連続するシーンを構成しながら、大胆に時空を飛び越える、映画ならではの醍醐味が生まれた。大胆さを含めて、観客にスクリーンの出来事を現実と受け止めてほしいと願ったんだ。

編集の基本［1］——ショットの連続性を保つ方法

キャスパー教授

さて、編集作業において、時間と空間の連続性を保つための方法を紹介しよう。まず最初のやり方は、シーンを撮影するときに、現場に「180度のライン」を想像することだ。

２人の登場人物がいるとすると、彼らと並行して走る１本のラインを想定するんだ。例えば、顔が見える正面サイドから撮影しているときに、ラインを跨いで背中側から撮れば、人物の位置関係に変化が生じて、背景に映るものが違ってきてしまう。だからこの場合は、前半身の見える半径側から、カット割に使うすべてのショットを撮るようにするんだ。１８０度ラインの同じ側から撮ることが基本となる。

──次に、カメラアングルを変える場合や、被写体のサイズに変化をつける場合には、ロングショットからミディアムショット、ミディアムショットからクローズアップなど、大きく変えなくてはいけない。そうしないと、うまくつながらないんだ。

──これは編集の常識だ。映像のサイズやアングルを変えたいときは、ガラッと変える。少し変えるくらいなら、変えない方がいい。

──ためしにビカーに被写体になってもらおう。例えば、最初のショットは、左斜め下からローアングルで、クローズアップを撮るとしよう。そして次のショットはもう少し正面から、やはりローアングルでクローズアップを撮ったとする。２つのショットのビカーはうまくつながるかな？

ランス　つながりません。

キャスパー教授　なぜつながらない?

ランス　同じショットのように見えてしまうからです。

キャスパー教授　その通りだ。同じようなショットなら、わざわざカットしてつなげる必要もない。もしアングルを変えるなら、最低30度は変化させるんだ。そうすれば、時間と空間を分解しながらも、連続性が保てる。

——サイズも同じだ。同じ人物のクローズアップからクローズアップへつなげることは、意味がない。最初に話したようにクローズアップを撮って、次にロングショットへつなげるといったやり方をすれば、変化がつけられる。

——それから、登場人物の動きに沿って、ショットを分断する場合も多い。ショットAは、ビカーが座ろうとしている。ショットBでビカーが座る。AとBを同じ方向からサイズを変えて撮ればスムーズにつながるが、Aを正面から撮って、Bを真横から撮れば、うまくつながらない。動きの向きが同じじゃないから、ショットのバランスが崩れるんだ。

——さらに、ショット間をユニークにつなぎたいなら、ものの形を活用する場合もある。例えば、

ウィル　最初のショットは「閉じた傘」。次のショットは「エッフェル塔」。これはつながる?

キャスパー教授　はい。形が似ているからです。

ウィル　その通りだ。でも、もし「閉じた傘」から「丸い円」につなげても、うまくいかない。線でも同じことが言える。垂直から垂直、水平から水平なら問題ない。色の場合は、赤からピンクはいいが、赤から緑だとうまくいかない。以上が、連続性を保つための古典的なショット手法だ。

編集の基本［2］――連続性を断ち切る方法

キャスパー教授　次に、ショットから次のショットへ移る間に、時空間が変わったことを表現したい場合にはどうすればよいか? 時間と空間が分解されたことを強調して、つながりを持たせない編集のやり方がある。それは、いま話した基本を、あえて覆してみることだ。

例えば180度ラインの手前から撮ったショットを、ラインの反対側からのショットと混ぜて使う。あるいは、同じ人物のローアングルから、またローアングルにつなぐ。

――時間と空間のつながりを断ち切った上で、その切れ目、ショットとショットの間のギャップをあえて見せるのはなぜか。例えば、ヒッチコックをはじめとする監督が、こんなふうに時空のつながりを断ち切ることを強調する場合は、何が目的なのか。ラッセル。

ラッセル 緊張感を出すためです。

キャスパー教授 そうだね。あるいは、わざと混乱を誘う場合もそうだ。「これは現実ではない。何らかの意図があるぞ」と、あえて作り手の存在を感じさせるんだ。**監督は、映像の断絶を見せることで観客に、「ここには重要な意味があるんだ」とサインを出しているんだ。**物語のカギとなるヒントの場合もある。監督は何かに気づいてほしいんだ。だから、私たちはその意図を読み取らないといけない。

編集の基本［3］―― トランジション

キャスパー教授 では、監督や映画編集者は、ショットから次のショットへ、実際にどう切り替えるのか？ どんな「**トランジション**（場面変換）」を用いているのか考えてみたい。さっき見た『ファーゴ』を例にとろう。ではどんなトランジションを使っていただろうか？　ラッセル。

ラッセル　カットです。

キャスパー教授　そう、「**ダイレクト・カット**」だ。1つのショットから次のショットへ直接切り替えていた。そして、短いショットを次々につないで、畳みかけるようなリズムを生み出していた。ショットをつなぐとき、最もよく使われるのがこの手法だ。では、「**フェード**」とはどんなもの？

ラッセル　『陽のあたる場所』で、バルコニーの場面の終わりに使われていた手法ですね？

キャスパー教授　覚えていてくれたかい。キス・シーンの最後で、画面はゆっくりと暗くなって、最後に真っ暗になった。あれが「**フェード・アウト**」だ。逆に、真っ暗な画面が徐々に明るくなっていくことを、「**フェード・イン**」という。フェードを使うと、どんな効果があるだろうか？

ダン　時間の経過が感じられます。

キャスパー教授　あるシークエンスを終え、次の展開が始まるという節目でよく使われるのがこの手法だ。高まった緊張を解きほぐす効果もある。目を閉じて、一回リラックスしようというわけだ。

――では、「**ディゾルブ**」とはなんだろう？　別の移行方法だ。『陽のあたる場所』でも多用されていた。

エヴァン　ある映像から別の映像へ続けて移ることです。

キャスパー教授　ある映像の終わりに、次の映像の始まりが透けるように示される。これがディゾルブだ。前の映像がすべて消えずに、次の映像があらわれるというものだ。あるイメージと別のイメージを入れ替えるように映す理由は何だろう?

エヴァン　2つの映像の関連を示してます。

キャスパー教授　そう、映像の関連性を伝えるためだ。両者は因果関係にあると示すんだ。では、「**スーパーインポーズ**」とは何だろう? ニコール。

ニコール　映像に別の映像を重ねることです。

キャスパー教授　**映像の上に、別の映像を重ねたままにすることだ。**これを使えば、登場人物の置かれた状況や、別の何かとの関連を示すことができる。

ニコール　人間関係などですか?

キャスパー教授　そうだ。例えば、主人公の映像に、母親の映像を重ねれば、彼が母のことを思っていると、観客は気づくだろう。また、心電図の図像を重ねれば、彼が病を抱えていると理解できる。

―　私たちはこうした映像のトランジションにも注目すべきだ。ダイレクト・カットを使う理由はなぜか。なぜフェードを使うのか。なぜディゾルブなのか。それぞれの効果を確認しながら、映画を見れば、より深く監督の意図が理解できるだろう。

殺人シーンを構成する

キャスパー教授　さあ、ここからは、講義の特別編だ。何人かの人間に演技をしてもらい、それを見ながら実際の編集方法を検討していこう。そうだな。今日は殺人のシーンを実際にやってみようじゃないか。ベロニカ、君は今はどちらの気分？　殺人犯か、それとも被害者か？

ベロニカ　殺人犯がいいです。

キャスパー教授　よし、じゃあ、前にきて。何か武器になるものは持ってないかな。

ベロニカ　ペンがあります。

キャスパー教授　いいねえ。ペンで刺し殺す凶悪犯だ。

―　マリア、君もこっちへきて。君は被害者役に向いている気がする。いい意味でね。

―　では、状況を説明しよう。マリアは自分のアパートに1人でいる。マリアの後ろにドアがあると思ってほしい。ドアを背に座って、何か書き物をしているんだ。すると、ベロニカが後ろのドアから入ってくる。殺す方法はまかせるが上手に、手際よくやってくれ。そして向かいにある非常口から逃げるとしよう。いいね？　まず、カメラはどこに置くべきだろうか？　ゲーリー。

ゲーリー　少し離れたところでしょうか。

キャスパー教授　セットの中央。君が座っている教室の真ん中くらいの位置だ。だから君が監督だ。2人のキャストは、彼が「アクション」と言ったら演技を始めて、「カット」と言ったらやめるんだ。スコットは全体が何秒かかったか、見てくれないか。

スコット　分かりました。

キャスパー教授　昔は実際にこんなふうにやっていたよ。映画の初期の頃の殺人シーンの撮影を真似てみよう。じゃあ、ゲーリー監督、本番といこう。

ゲーリー　アクション！

[ベロニカがドアから忍び寄り、マリアの首を刺して逃げる演技をする]

――カット！

キャスパー教授　やれやれ。ひどい演技だ。２人はとても役者にはなれないね。時間はどれくらいかかった？

スコット　８秒くらいです。

キャスパー教授　それにしてもひどかった。

ベロニカ　だって、人を殺すの初めてだし（笑）。

キャスパー教授　いい経験ができてよかった。じゃあ、もう一度やってみよう。殺人犯になりきるんだ。忍び足で近づいて、一息に殺す。そしてゆっくり立ち去り、非常口から逃げていくんだ。

マリア　先生。死ぬときは上を向くのと、うなだれるのと、どっちが良いですか？

キャスパー教授　殺される人間はそんなこと気にしなくていい、自然な流れでやってくれ。じゃあ、ゲーリー、もう一度やってみよう。

ゲーリー　アクション！

［ゆっくり忍び寄るベロニカ。マリアを羽交い絞めにして何度も刺す振りをする。マリアは暴れる］

キャスパー教授　演技というより、こりゃパントマイムだ。［学生・笑］

マリア　一生懸命やってます！

キャスパー教授　死体はしゃべっちゃダメだ！ 今のは何秒かかった？

ゲーリー　25秒くらいです。

キャスパー教授　とんでもない女優たちを連れてきちゃったね。本当に退屈な殺人シーンだ！

映画的手法を導入する

キャスパー教授　でも、退屈だった本当の理由は、これが舞台の芝居とまったく変わらなかったからだ。役者がドアから入ってきて、歩いて近づき、彼女を殺して、また歩いて出口から出ていく。ショットは1つだけで、時間も空間も分断されていない。1つの空間で起きた出来事を、25秒という実際の秒数で見ただけだ。となると、この殺人シーンでは何が物足りなかったのだろ

➔「殺人シーン」を実践するキャスパー教授のユニークな授業

う？　演技の問題は別にしてね。ランス？

ランス　音がないことです。

キャスパー教授　そうきたか！　面白いね。確かにかっこいいサウンドは必要だ。じゃあ、ぴったりの音や曲がついているとしても、なぜ退屈なのか？

ゲーリー　1つのアングルしかないからです。

キャスパー教授　それもある。でもその前に、もっと簡単な答えがある。彼女たちの動きを見て、なぜ退屈なのかな、ジャック？

ジャック　ちょっと単純すぎるというか、ドラマチックじゃないというか。

キャスパー教授　では、質問を変えてみよう。このシーンで重要な部分は、どこだろう？

ジャック　殺人の瞬間です。

キャスパー教授　そう、でもそれは2つめだ。1番目はどこ？

ジャック　ベロニカが入ってくるところです。

キャスパー教授　そう。では3番目は？

ジャック　ベロニカが出ていくところです。

キャスパー教授　つまりこういうことだ。まず、ドアを開けるところでショットする。必要なのは、扉を開けて入るベロニカの映像だけだ。マリアに至る空間は映す必要はないから、編集で省いていい。すると、空間と一緒に何が削られる?

スコット　時間です。

キャスパー教授　そう、「**時間と空間は相関関係にある**」ということだ。そして次のショットは、ベロニカがマリアを殺す直前からだ。殺したらまたカット。この後の逃げていく空間も必要ない。最後に必要なのは、非常口を出るベロニカの映像だけだ。このように映画では、必要なものだけを編集して、すべてを見せなくてもいいんだ。では、もう一度やってみよう。

[ゲーリーの号令で、ドアから入るベロニカの場面をすぐ終える。次の殺人の場面でもたつく]

キャスパー教授　ずいぶん熱心な殺人犯だ。今度は私が監督しよう。すばやく「アクション」「カット」を繰り返すから、2人のキャストはそのつもりで演じてくれ。

[3つの場面を繰り返す]

キャスパー教授　これで何秒かかった?

スコット　3つのショットはどれも2秒ぐらいでした。

キャスパー教授　こういうのが観客に好まれるんだ。観客にとって、映画は展開の速さが新鮮だった。芝居では、ドアから入って舞台の中央まで進み、殺す演技をして退場するまでに、延々と時間がかかった。それが映画だと一瞬だ。編集で時空を自在に操って、大事な瞬間だけ見せればいいからだ。

今日の編集テクニックを学ぶ

キャスパー教授　時代が進むに連れて、映画はさらに進化した。作り手たちは、「必要な部分だけを見せるのではなく、よりドラマチックに、感情に訴えかけるように編集を利用すればいいじゃないか。映画にしかできない斬新な方法で映像を切ってみせよう」と考えるようになったんだ。

――では実際に、いまのシーンをよりエキサイティングで、ドラマチックなものにするにはどうすべきなのか。ここでは、よく使われている現代的な編集テクニックを紹介しよう。

――まず最初の手法は、「**リアクション・カット**」だ。リアクション・カットとは何だろうか。まず、ベロニカがドアを開ける。それに対するリアクションとして、マリアの驚いた顔をカット・インする。次に、近づくベロニカの顔。このように、アクションとリアクションを交互につなげる。

— 次の手法は「**ディテール・カット**」だ。ベロニカがドアを開けて入ってくる。次に見せるのは、ディテールだ。彼女の足もと。ペンを握る手。尖ったペン先……これぞヒッチコックだ。次のディテールは、振り向くマリアの顔。それから、目のアップ！　このように、アクションのあと、ディテールを積み重ねて、次のアクションにつなげるんだ。

— 3つめの手法は、「**カット・アウェイ**」だ。アクションの主体から離れて、まったく別の対象に飛ぶことだ。誰か例を挙げてくれないか？

ベロニカ　時計はどうですか？

キャスパー教授　すばらしい例だ。部屋に時計があるとしよう。ベロニカが部屋に入ってくる。カット・アウェイして、時計を映す。マリアの首を突き刺す。カット・アウェイして、また時計。このように、わざと無関係なものを映すことで、新たな意味を作りだすんだ。

— この手法は、「視点」を導入することで、より複雑な展開を狙うことができる。例えば、ベロニカがマリアの首を押さえて、ペンを突き刺す。すると、カメラがマリアの目になって、もがき苦しむように揺れながら、見えている周囲の景色を映しだす。これが主観ショットを使ったカット・アウェイだ。

——あるいは、マリアが猫を飼っていたとしよう。ペンを突き刺すショットから、猫にカット・アウェイする。この後、猫の視線から、見上げるように、飼い主と殺人犯のショットを映し出す。このように、第三者の視点を導くことも可能になる。

——それから、**「カットバック」**や**「クロスカット」**と呼ばれる編集技術もある。ある主体の置かれた状況と、別の主体の置かれた状況を交互に切り替える編集だ。

——カットバックには、いくつかのパターンがある。「同じ時間・同じ場所」「違う時間・違う場所」「同じ時間・違う場所」「違う時間・同じ場所」の4タイプに分類できるんだ。では誰か、このなかのどれかを使って、殺人シーンをどう編集したらいいか考えてくれないか。君、名前は？

ミル　ミルです。

キャスパー教授　ミル。どんなカットバックを考えた？

ミル　アパートの出入り口のドアが開き、刑事が入ってくるのは、どうでしょう？

キャスパー教授　それはいい。「同じ時間・違う場所」のよい例だ。ベロニカが殺人を犯す、まさにそのときに、刑事がアパートに到着する。マリアの部屋は４階だ。刑事が階段を駆け上がる。凶器のペンが振り上げられた瞬間、刑事がどんどん近づいてくる。これが「同じ時間・違う場所」のカットバックだ。演出の仕方によっては、舞台でも表現することができる。

——　では他の例にも挑戦してみよう。ステイシーは、何か思いついただろうか？

ステイシー　「違う時間・違う場所」の例として、ステーキ肉を切っている肉屋のシーンなんかはどうですか？

キャスパー教授　私は、そういうの好きだよ。血なまぐさくて残忍だけど、とてもいい。まずベロニカが部屋に入ってくる。すると今度はお客が肉屋に入ってくる。次に殺人の場面で、首を締められたマリアの舌が飛び出す。すると、客が肉屋に、「牛タンを１ポンド下さい」と言う。それから、息絶え絶えの舌が映り、再び、タンを切る包丁のアップだ。これが「違う時間・違う場所」のカットバックだ。舞台ではできないが、映画ならできる。では、残る２つのカットバックを思いついた人は居るかな。君の名前は？

マイク　マイクです。

キャスパー教授　では、答えて。

マイク　殺人犯が部屋に入ってきたところでカットして、タンスの上で鳴く猫を映します。

キャスパー教授　「同じ時間・同じ場所」のよい例だ。猫もいいが、さっき「カット・アウェイ」の説明で出したので、ここでは鳥にしよう。この場合、揉みあう2人と、鳥かごの中で暴れる鳥を交互にカットバックさせたり、殺されるマリアとかごから逃げだす鳥をカットバックして、対比を作りだすことができる。でも君のも良かったよ。

――最後に、「違う時間・同じ場所」の例を何か挙げてくれないか。ジャック。

ジャック　時間をさかのぼって、以前、そこに住んでいた女性が同じ手口で殺される様子とか、どうでしょう。

キャスパー教授　いっそのこと、ベロニカとマリアが恋人同士という設定はどうだい？　同じ部屋で2人が愛し合っているシーンを映す。次は、ベロニカがマリアを殺すシーン。「同じ場所・違う時間」のカットバックだ。

――ベロニカとマリアに拍手を！　とてもよかった。どうもありがとう。

フレンチ・コネクション——編集技法の詰め込まれた作品

キャスパー教授 さて、モダンな編集テクニックを理解したところで、その模範となるすばらしい作品を見てもらおう。アカデミー賞で編集賞はもちろんのこと、作品賞など5部門を受賞した作品『フレンチ・コネクション』(1971)だ。列車と車の有名なチェイス・シーンが入ったシークエンスをまるまる見せたいところだが、12分と長いため、やむを得ず抜粋して上映しよう。いま学んだことを踏まえて、このシーンがどのように編集されているか、見てほしい。

——**映画**「**フレンチ・コネクション**」

キャスパー教授 これまで説明した、どんな編集のテクニックが使われていただろうか? ダン。

ダン 全部使っています。

キャスパー教授 例を挙げてくれないか?

ダン 例えば、「同じ時間・違う場所」のカットバックです。走る列車と追いかける車が交互に編集されてました。

キャスパー教授　その通りだ。基本的には、ずっとこのカットバックでシーンが構成されている。他には？

チュニーシャ　車のショットではジーン・ハックマン[7]の視点で撮っているので、観客は一緒にカーチェイスをしている感覚になれます。

キャスパー教授　今のシーンにはいくつの視点があった？

チュニーシャ　ほとんどがジーン・ハックマンの視点です。あと、通行人であるベビーカーを押す女性の視点もありました。

キャスパー教授　そこに列車のショットが入って、車掌の視点、犯人の視点というふうに、さまざまな視点が切り替わるんだ。マイク、他には？

マイク　リアクション・カットもあります。ジーン・ハックマンの「やばい。ぶつかるぞ！」という顔に対して、ベビーカーの女性の恐怖を浮かべた顔のアップがありました。

キャスパー教授　そうだ！ 他には？

マイク　衝突しそうになったジーン・ハックマンは、すぐによけようとハンドルを切りました。それに対して殺人犯は、行く手に立ちふさがった車掌をためらわずに撃ち殺します。そういう対比がありました。

1971 **フレンチ・コネクション** | THE FRENCH CONNECTION

[1]——高架下を猛スピードで走る車。運転するドイル(ハックマン)が上を見上げる。
横から追突されるがハンドルを切って、走る列車を追いかける。

[2]——列車では犯人が運転席に立てこもり、運転手に銃を突きつけている。
車掌がドアを叩きながら呼びかける。

[3]——ドイルはクラクションをかき鳴らし、何台もの車を追い越していく。
突然、目の前にベビーカーを押す女性が現れる。
焦るドイルと悲鳴を上げる女性のリアクション・カット。
ドイルが急ハンドルを切って事なきを得る。

[4]——列車のショット。犯人が運転席から出てきて車掌と乗客に銃を向ける。

[5]——ドイルのショットに戻る。ハンドルが間に合わず壁にぶつかるが、再び発進する。

[6]——列車のショット。近づく車掌を犯人が撃ち殺し、運転手が席に座ったまま息絶える。

- この場面では、「同じ時間・違う場所」のカットバックが繰り返され、様々な視点に切り替わる。
[3]ではリアクション・カットのほかに、アクセルやクラッチを踏む足のディテール・カットが見られる。

[**フレンチ・コネクション**]
監督=ウィリアム・フリードキン。主演=ジーン・ハックマン(ドイル)、ロイ・シャイダー(ラソー)。
ポパイの通称で知られるドイル警部と相棒ラソーは、ヤクの売人を捜索するうちに、
マルセイユを出所とする麻薬密輸ルートを突き止める。
[Blu-ray&DVD発売中 価格:Blu-ray ¥2,381+税/DVD ¥1,429+税
発売元:20世紀 フォックス ホーム エンターテイメント

キャスパー教授——すごいぞ。カットバックの意味まで読み込んでくれた。まず、車を運転するジーン・ハックマンが女性をよけようとするシーンがある。そのあとのシーンでは、電車の中で犯人を止めようと「よせ、銃をおろせ」と言った車掌を、犯人が撃ち殺した。つまり正反対のことをしたんだ。よく気づいたね！

——ダンは、すべての手法が使われているといったが、まさにその通りだ。基本的な手法のすべてがあった。カットバック。リアクション・カット、ディテール・カットもあった。そして、**複数の視点を織りまぜて、痛烈な対比を作りだしていた。**

ゴッドファーザー——衝突のモンタージュ

キャスパー教授——こうした基本的な編集技法を発展させたのは、実は、ロシア人の監督たちだった。[8]彼らは、映画の持つ力は1ショットの映像の強さではなく、一連のショットの並べ方にあると考えた。そして1923年から数年のうちに、編集理論を体系化し、実践した。

——そこでは、連続する2つのショットの間に十分な対比をもたらすことが重要だと考えられた。対比は映像だけでなく、内容的な事柄でもよかった。農民たちが野原に連行され、コサック兵に一斉に銃で撃たれる。カットして一転、牛が屠殺される映像を映す。次に、殺される農民と死にゆく牛をカットバックで繰り返す。[9]

—　このように、彼らは、対比を鮮烈にすれば、観客の心に「概念」を生み落とすことができると信じていた。この場合、「人間が家畜と変わらない扱いを受けている」という概念だ。もし君が何らかの概念を伝えたいなら、このやり方を真似てみればいい。つまり、個々のショットではなく……。

ブライアン　異なるショットをつないで、対比を際立たせるんです。

キャスパー教授　そう、ショットの並べ方を工夫して、表現するんだ。『ゴッドファーザー』(1972)を見たことはあるよね?

ブライアン　はい。

キャスパー教授　あの映画のエンディングはどんなだった?

ブライアン　見たのはだいぶ前なので……。

キャスパー教授　そんな言い訳はなしだ。私だって見たのはずいぶん前だよ。しかも、君はまだ若い。どうやったら、『ゴッドファーザー』のエンディングを忘れられるんだい？　そんなの絶対、ありえない！　ゲーリー、代わりに答えて。

ゲーリー　マイケル・コルレオーネがゴッドファーザーの跡を継ぐ場面のことですよね？

キャスパー教授　マイケルが教会にいて、神父が幼子を抱いて尋ねる。「汝は悪魔を退けるか？」。そこでカットすると、殺人シーンに飛ぶ。

ゲーリー　連続殺人です。

キャスパー教授　誰の仕業？

ゲーリー　マイケルです。

キャスパー教授　そう、マイケルだ！　教会に戻ると、ろうそくが灯り、再びマイケルの息子の洗礼式だ。するど、また別の殺人シーンになる。それもマイケルの仕業だ。「汝は悪魔を退けるか？」、「はい、退けます」。教会でこのやりとりが繰り返される間、次々に新たな殺人が起きる。

――この並べ方、このコントラストが伝えようとしているのは、「この男には裏の顔がある」ということだ。こうした鮮烈なコントラストを生みだす手法を、「**衝突のモンタージュ**」

1972 ## ゴッドファーザー | The Godfather

[1]――教会で眠る幼子に洗礼を施す神父。
マイケル(パチーノ)の顔のアップに「悪魔を退けるか」という神父の声が重なる。
エレベーターから降りようとする人物がショットガンで撃ち殺される。
教会で「退けます」と答えるマイケル。

[2]――マッサージを受けている裸の男性が目を撃ち抜かれる。
再びマイケルの顔のアップ。「悪魔の仕業に」という神父の声が響く。

[3]――回転ドアを通り抜けようとして拳銃で撃たれる人物。
教会で厳かな声で「退けます」と答えるマイケル。

[4]――ベッドで寝ている男女がマシンガンで撃ち殺される。
マイケルと神父のやりとりが繰り返される。

[5]――警官に扮したマイケルの手下が路上で敵対する組織の人間を撃ち殺す。
「洗礼を受けるか」という神父の問いに、「はい」と答えるマイケル。

[6]――[3]、[4]、[5]で撃たれた人物の死体が連続して示された後、
マイケルの顔のアップに、「主とともに平和のあらんことを」という言葉が重なる。

[ゴッドファーザー]
監督=フランシス・フォード・コッポラ。主演=マーロン・ブランド(ドン)、アル・パチーノ(マイケル)。
ニューヨークを牛耳るマフィア、コルレオーネ一家の盛衰を描いた大作。
首領の父親ドンは麻薬の売買を断ったことから銃撃され、
堅気になるはずの三男マイケルが一家を守るべく抗争を繰り広げる。
[Blu-ray「ゴッドファーザー PART I 〈デジタル・リストア版〉」発売中
価格:¥2,381+税 発売元:パラマウント・ジャパン]

と呼ぶ。

――ここで1つ補足説明をしよう。あるショットのあとに、別のショットがくるからといって、2つのショットが時間的に連続しているとは限らない。ショットAとショットBが、続けざまに起きたとは限らない。『ゴッドファーザー』のように、同時に起きている場合もある。そうしたことにも注意が必要だ。

心の働きは編集である

キャスパー教授――最後に、基本的なことを確認して、今日の講義を終えよう。人生がいたって順調なとき、楽しく過ごしているときは、時間の流れは速い？ 遅い？

学生　速く流れていると感じます。

キャスパー教授――これに対してつまらないときは、時間が長く感じられる。私たちは時間というものをそのように体感する。時間の感覚は、その時々の心理状態で決まるんだ。しかし、映画の場合は違う。自分がどういう心理状態になるかは、画面に映し出される内容次第で変わってくる。

― 時折、ひどい映画に出くわすこともある。「一体、何を言ってるんだ？ 私の頭はそんなに悪くはないはずだが、何やらさっぱりわからない。いつになったら終わるんだ」という具合だ。

― 一方、『アルゴ』[10]（2012）を見ていると、身じろぎひとつできない。あっという間だ。では質問だ。エヴァン、君は正直者かい？

エヴァン わりと……。

キャスパー教授 では聞こう。もうだいぶ長く教室に閉じこめられているが、その間に、君の心はどこへ行って何をした？ 正直に言ってくれ。

エヴァン 自分のアパートに戻りました。

キャスパー教授 そこで何をした？

エヴァン 洗濯物がかごに溜まっているのを見つめていました。

キャスパー教授 なるほど。君はここに居ながら、近い未来を思い浮かべたわけだ。この教室にいながらも心は未来へ飛び、自分のアパートで洗濯しなきゃいけないと思った。で、本当はどこへ行った？ ビーチにも行ったよね？

エヴァン　えっと……。

キャスパー教授　ほら、行っただろう？　2週間前のよき思い出だ。とてもいい天気だった。誰かと一緒だったかい？

エヴァン　友達とサーフィンをしていました。

キャスパー教授　君はここに居ながら、2週間前に戻ってサーフィンをしていた。人間の心にとって、時間や空間とはそういうものであって、客観的な体験ではない。2057、2058……と規則的に変わるようなものじゃない。心は時間や空間を自由に飛び越える主観的な体験なんだ。

――**人間の心が空間や時間を体験するときの感覚を、まざまざと呼び覚ましてくれるのが映画だ。**それこそ、他のどんな芸術にもできないことだ。映画にそれが可能なのは、編集があるからだ。

――編集することで、時間や空間を自在に飛べる。時間を主観的なものとして伝えることができる。また、ときに時間を短く感じさせたり、逆に長く感じさせることもできる。現実の人生ではできないことも、映画なら可能だ。時間を止めたり、動きを止めたりできるんだ。今日の講義から、そうした映画の力を感じてくれたらうれしい。どうもありがとう。

第5回

音響効果

SOUND EFFECT

世界は音でできている

最終回のテーマは、「音」です。
音楽や効果音はもちろん、俳優の声、歌、風や水などの自然音、さらには沈黙。
いくつもの名作映画を題材に、ハリウッドの音のテクニックを解明します。

Movies of Chapter 5

1——**サウンド・オブ・ミュージック**［1965］監督：ロバート・ワイズ｜主演：ジュリー・アンドリュース、クリストファー・プラマー

2——**ティファニーで朝食を**［1961］監督・脚本：ブレイク・エドワーズ｜主演：オードリー・ヘプバーン、ジョージ・ペパード

3——**知りすぎていた男**［1956］監督：アルフレッド・ヒッチコック｜主演：ジェームズ・スチュアート、ドリス・デイ

4——**ジョーズ**［1975］監督：スティーブン・スピルバーグ｜主演：ロイ・シャイダー、ロバート・ショウ、リチャード・ドレイファス

キャスパー教授

大切なのはどう始めるかじゃない。どう終わるかだ。ということで、私も華やかなフィナーレを飾りたいと思う。とにかく、最後の講義を楽しんで聞いてほしい。

さて、これまでの講義で、時間と空間の構成法について、脚本、ビジュアル・デザイン、撮影、編集という4つの切り口から学んできた。そして今日は、音響効果だ。さまざまな「音」が、映画の時間や空間にどのように作用するか見ていきたい。

映画は音を持つことを望まなかった

そもそも、映画の創成期には、「セリフ」を取り入れること自体が否定されてきた。「映画は言語メディアじゃない」と、はなはだしく軽視されていた。最低限、必要なセリフを映像と映像の間に字幕で示せばいいという考え方が一般的だった。

トーキーが1927年に登場し、映画に「音声（サウンド）」が入るようになっても、専門家や関係者、とくに役者たちは、これを快く思わなかった。映画にはすでに30年近い歴史があって、その間、独自の芸術を築きあげてきた。映像だけであらゆることを表現し、物語ることができるのに、なぜ音声が必要なのかと、彼らは感じていたんだ。

照明や美術、カメラワークで、これだけ雄弁に語ることができるのに、さらに、録音技術に頼る必要があるのだろうか、と――。

ビリー・ワイルダー監督は、『サンセット大通り』[1]で、こうした主張を取り上げて、少々、自虐的に示してみせた。グロリア・スワンソン演じる往年の大女優が、主人公の脚本家と初めて会話を交わす場面だ。

まず脚本家が「あなたはサイレント映画のスター、ノーマ・デズモンドですね？」と言う。すると彼女は、「私は今でも偉大よ。つまらなくなったのは映画の方よ」と答える。「映画は死んだ。終わったのよ。かつては世界中の視線をくぎ付けにしたというのに、それでも満足できなくて、世界中の耳まで支配しようとした。その挙げ句、大口を開けて、ベラベラとおしゃべりし始めた」というわけだ。

ビリー・ワイルダーがノーマに語らせたこの思いは、トーキー初期の俳優や映画研究者が、こぞって感じていたことだった。音響効果の研究が遅れた一因もここにある。

いずれにせよ、映画で、人を惹きつけるのはビジュアルだ。映画は見るものであり、「ぜんぶ聞き終わったぞ」と言って、映画館を出る人はまずいないだろう。

サイレント期でも音が溢れていた映画館

――しかし、これだけ蔑《さげす》まれながらも、「音声」は、創成期の映画において重要な役割を果たしてきた。映画の歴史を語る上で、便宜上、私も「サイレント映画」という呼称を使っているが、実際には、そんなものは存在しない。映画には、最初から音がついていたからだ。

――1895年から1927年までの映画は確かに無声だが、劇場では、映像に合わせてピアノが伴奏されたり、いろんな楽器で演奏がつけられて上映していた。巨大シアターともなると、スクリーンと客席の間にオーケストラ・ボックスがあり、60人編成のフルオーケストラが華々しい演奏を繰り広げることもあった。

――また、高級館では、声の大きなスタッフが客席間の通路を歩いて、字幕のセリフを喋るサービスがあったし、効果音のために、特殊な楽器を演奏する技術者を雇ったり、専門の音響装置を設置する劇場もあった。この装置には、750種類もの音が録音してあり、鳥のさえずりや船の汽笛、列車の音などがボタン1つで鳴らせるようになっていた。

――いかに、映画館が賑やかだったか、わかってくれたかい？　映画は、初期の頃から、見たこと

キャスパー教授

のない景色を見せてくれ、聞いたことのない音を聞かせてくれていた。

サウンドトラックの構成要素［1］——言葉

キャスパー教授　ではサウンドトラックとは何かを具体的に考えていこう。第一の構成要素は「言葉」だ。言葉には3つの側面がある。

——　1つは「**セリフ**」だ。脚本家が書いたセリフには、登場人物や映画のテーマなど多くのことが語られているから、注意が必要だ。

——　2つ目の要素は「**ボイスオーバー**」だ。画面の外から観客に向けて話される言葉で、画面の中の登場人物が話すセリフではない。観客だけに伝えられる特権的な声だ。脚本の講義のときに、これはもう説明したね。

——　まずは「一人称のナレーション」だ。映画を見ていると、「私に何が起きたのか、皆さんにお話ししよう」などと、とつぜん声が聞こえることがある。ほとんどの場合、声が話し続ける間、画面にナレーションの主が映っていて、話とは別のことをしている。そして声がやんだところで、当の本人がセリフを言い始めて、観客は三人称の物語に導かれる。『サンセット大通り』でも駆使されていた手法だ。

もう1つの例が「三人称のストーリーに挿入されるナレーション」だ。声は聞こえるが、その主は登場しないというケースだ。登場人物が声を聞くこともない。ただ観客に向けて語るだけだが、威厳を持って扱われる。

マーティン・スコセッシの『エイジ・オブ・イノセンス』では、19世紀後半のニューヨークの上流社会の風習をナレーションで紹介しているが、それはこの作品に民族学的な側面があるからだ。スコセッシは民族学に強い興味を持っていて、ドキュメンタリー映画も作っている。彼のすべての映画には、そうした傾向があるんだ。

言葉の3つ目の要素は、歌だ。背景に流れる歌も、サウンドトラックを考えるうえで、第一の構成要素である言葉に分類される。

サウンドトラックの構成要素［2］——音楽

キャスパー教授　第二の構成要素は、ずばり「音楽」だ。音楽には、「**ソースミュージック**」と「**アンダースコアリング**」の2種類がある。じゃあ、ソースミュージックが流れてきたとしよう。何か例を挙げてくれないか。ブライアン。

ブライアン　ラジオから音が流れている、というのはどうでしょう?

キャスパー教授　登場人物の誰かがラジオをつけると、音楽が流れてくる。それがソースミュージックだ。映画のなかで実際に流されたり、演奏されたりする音楽をいう。では、アンダースコアリングとは何だろう?

ブライアン　シーンに挿入される音楽です。

キャスパー教授　そうだね。映画で古くから使われている背景音楽だ。アンダースコアリング、またはスコアリングとも呼ばれているのは、この背景音楽のことだ。では、アンダースコアリングを聞くのは誰で、ソースミュージックを聞くのは誰か? チャールズ。

チャールズ　ソースミュージックは、登場人物と観客の双方に聞こえます。でも、アンダースコアリングが聞こえるのは観客だけです。

キャスパー教授　そう。アンダースコアリングも観客だけに与えられた特権だ。登場人物には聞こえないが、観客の理解を助けてくれる。だから観客は注意して聞かなければならない。登場人物が自分の状況や自分たちのことを理解するためのものではないんだ。

こうした映画音楽を批評的に分析し、その効果を検討するには、次の3点を考慮しなければならない。音楽の「種類」、「長さ」、「場面」だ。

「種類」とは、映画で取り上げられる内容や主題、テーマ、設定に沿って、どんな種類の音楽を使っているかということだ。音楽は別の意味を場面に加えているのか? あるいは、内容を明確にしているか? 状況設定をわかりやすくしているか? 主題を絞り込んでいるのか? テーマをより明らかにしているか? ——という風に分析すべきだ。

2つ目は「長さ」だ。音楽が始まってから、終わるまでの長さは適切か? 長すぎないか? 短かすぎないか? 『戦火の馬』[2](2011)ではやりすぎていて、思わず叫びたくなった。「音楽を止めてくれ。もう、わかったから、やめてくれ!」。

3つ目に考えるのは「場面」だ。音楽が最適な場面で始まり、最適な場面で終わっているか、ということだ。

サウンドトラックの構成要素[3]・[4]——効果音・沈黙

キャスパー教授　第三の構成要素は、「効果音」だ。自然音とも呼ばれている。効果音ないし自然音とは何だろう？

ゲーリー　例えば、呼び鈴です。

キャスパー教授　呼び鈴か、良い例だ、ゲーリー。言葉でも音楽でもない音。呼び鈴とか、机を叩く音、指を鳴らす音。風や雨の自然音。それらが効果音として使われる。

——そして、サウンドトラックの最後の要素は、いま話したどのタイプにも劣らない創造性を備えている。それは「沈黙」だ。映画の中の沈黙は、決してネガティブな側面ばかりではない。映画を見ていて音が止まると、それはクライマックスに入ったことを意味することが多い。

——**あらゆる芸術の中でも、映画ほど、沈黙がクリエイティブに、重要かつ効果的に使われているものはない。**沈黙は、無重力感や、不気味な雰囲気を醸し出す。まるで全身から血が抜き取られるような恐怖を感じさせるんだ。

——それほど、音がなくなるシーンは、プロットや描写の中で、最も意味のある瞬間だと言える。白黒映画が深い陰影を湛えているように、沈黙は決して抽象的なものではなく、ある明確な性質を備えている。沈黙があるからこそ、観客は深い注意を払うのだとも言える。

映画において、登場人物を特徴づけるユニークな方法は2つある。それは、登場人物が何も言わずに押し黙っているときと、言葉もなくリアクションを返すときだ。沈黙ほど、雄弁なサウンドトラックは他にないだろう。

――キャスパー教授

新時代の音響効果――サウンドデザイン

さて、これから取り上げる「**サウンドデザイン**」という概念は、いま紹介した古典的な音の構成要素とは趣を異にする、最先端の音響効果だ。フランシス・フォード・コッポラ[3]が『地獄の黙示録』[4](1979)を作っているときに生まれたものだ。戦争映画自体は目新しいものではないが、ベトナムを舞台にした本格的な映画であることから、音響上のさまざまな改革が試みられることになったんだ。

まず、使われた兵器が、世界大戦や朝鮮戦争、あるいは南北戦争とは異なるため、従来と違う砲声音を作る必要があった。そして、ベトナム戦争はジャングル戦だったことから、ジャングルにふさわしい音も必要だった。これらを4チャンネル方式で、臨場感あふれる音に仕上げることが求められた。

そこでコッポラ監督が起用したのが、南カリフォルニア大学出身の、ウォルター・マーチ[5]という音響デザイナーだ。コッポラは、彼にこう言った。

「これが脚本だ。登場人物、セリフ、アクション描写、セットの概要が書いてある。それから、こちらのノートには、カメラの位置や、使う色、具体的にどんなセットにしたいのかなど技術的な注意が書いてある。これらを検討して、映画の音の設計をしてほしい。あらゆる要素に目を通し、音楽を入れるべき場面や音楽の種類、音量、効果音、どこに沈黙を置くかなど、音の観点から映画をデザインしてほしい」

こうして、サウンドデザインという言葉が使われるようになった。ポストモダン期の映画について、私はしばしば否定的なことを言ってきた。しかし、音響面で洗練されたことは確かであり、そこはきちんと評価しなければならない。映画では、時空だけでなく、サウンドもデザインされるようになったんだ。

サウンドデザインの基本――同時音と非同時音

キャスパー教授　では、映画のサウンドデザインを具体的に見ていこう。どのようにサウンドトラックをデザインするのか。それから、どんな美的効果をもたらしているか。最初に説明するのは、基本中の基本である同時音だ。ポーリーン、私は同時音だよ。なぜか分かるかな？

ポーリーン　私が聞いている先生の言葉が、先生の口から直接聞こえているからです。

キャスパー教授　もっと具体的に頼む。では、ベロニカ。

ベロニカ　先生の唇の動きと出てくる言葉の間に、因果関係があるからです。

キャスパー教授　そうだ。**音と目にしている状況に因果関係がある。**しかし、**映画では、非同時的な音の使い方もできる。**ジェイソン、同時音が音と目の前の状況との因果関係だとしたら、非同時音はどうだろう？

ジェイソン　その反対ということですか？

キャスパー教授　つまり、ある映像を見せたからといって、それに合わせた音まで聞かせる必要はない。別の音を使うこともできるんだ。

—　例えば、『ザ・ミュージック・マン』[6]（1962）という映画がある。見たことある人は？　じゃあ、ラッセルに聞こう。町の口やかましい女性たちが、図書館員のマリアンの噂話をするシーンを思い出して。噂話をする場面で、どんな音が使われていた？

ラッセル　すみません。覚えてないです。

キャスパー教授　お決まりの答えだね。信じられないよ。チャールズ。

チャールズ　ニワトリでしたっけ？

キャスパー教授　「チーチー」というひよこの鳴き声が聞こえてくるんだ。これは音を引喩として使っている。口やかましい女性たちをひよこにたとえているんだ。

音をモンタージュする方法

キャスパー教授　音の効果的な使い方の一つに、「**モンタージュ**」がある。前回の講義で、映像のモンタージュについて説明した。ある映像に別の映像をつなげたり、重ねたりして、映画ならではの流れを作る手法だ。こうしたモンタージュを、音で作ることも出来る。

音のモンタージュには2種類ある。**「音と音のモンタージュ」**、そして、**「音と映像のモンタージュ」**だ。音と音のモンタージュは次の3つのやり方がある。

まず1つ目は、監督や音響スタッフが、ある音から始め、そこに別の音をつなげたり、重ねたりしていく手法だ。そうやって、音の流れを流動的に操り、音によるシークエンスを生み出すんだ。ロバート・ワイズ[7]は、この手法を得意としていて、彼の代表的なミュージカル作品、『ウエストサイド物語』[8](1961)と『サウンド・オブ・ミュージック』(1965)のオープニングで使っている。

——**映画**　「**サウンド・オブ・ミュージック**」

音を重ねて流れを作る——実演『サウンド・オブ・ミュージック』

——**キャスパー教授**　ではここで、音と音のモンタージュを実際にやってみよう。取り上げるのは『サウンド・オ

1965

サウンド・オブ・ミュージック | The Sound of Music

[1]――風の音と共に、雪をかぶったアルプスの高峰が見える。

―

[2]――緑の山々の向こうに一筋の川が流れ、鳥のさえずりが聞こえる。

―

[3]――谷間の湖の風景。川のせせらぎが聞こえる。

―

[4]――岩肌を抜けると小さな町が見え、オーケストラが
「サウンド・オブ・ミュージック」の序奏のファンファーレを奏で始める。

―

[5]――鐘の音が響き、教会や古いお城が見えてくる。

―

[6]――森の向こうに緑の丘が見えてきて、マリア（アンドリュース）が歌い出す。

● 雄大な山々から人間のいる丘までカメラは下降しながら、様々な風景を切り取っていく。
講義では[1]、[5]、[2]、[3]、[4]、[6]の順で演奏されるが、ここでは正確な順番を記した。

[サウンド・オブ・ミュージック]
監督＝ロバート・ワイズ。
主演＝ジュリー・アンドリュース（マリア）、クリストファー・プラマー（トラップ大佐）。
7人兄妹の父親で男やもめのトラップ大佐のもとに、家庭教師のマリアがやってくる。
やがて2人はザルツブルグで結婚するが、
時代はドイツのオーストリア併合へと雪崩れ込む不穏な時期に差しかかっていた。
実在する家族合唱団トラップ・ファミリーの脱出劇を描いた
ブロードウェイ・ミュージカルの映画化。
第38回アカデミー賞で作品賞、監督賞、音楽賞、編集賞、録音賞を受賞。
[Blu-ray＆DVD発売中 価格：Blu-ray ¥1,905＋税／DVD ¥1,419＋税
発売元：20世紀 フォックス ホーム エンターテイメント

ブ・ミュージック』の冒頭のシークエンスだ。まず最初に、どんな映像が登場しただろう？

ベロニカ　ベロニカ。

キャスパー教授　草原です。

残念。それは1番最初の映像ではない。今でも覚えているが、あの映画を最初に見たのはモントリオールだった。幕が開いても画面は真っ暗のまま。何も映っていないようだった。最初は音もなく、沈黙があるだけだ。しばらくすると、雲が見えてきて、風に乗って流れていく。そこでようやく、ある音が聞こえてくる。

ゲーリー　風です。

キャスパー教授　風だ。ゲーリー、それはどんな音だった？

ゲーリー　ヒュー［風の音真似］。

キャスパー教授　もっと大きく。じゃあ、ゲーリーは「風」の役だ。前にでてきて。私が「沈黙」の役をやろう。最初に真っ暗なスクリーンがあって、それからカメラが谷を降りてきて、流れる雲を抜けていく。すると風の音が……。

ゲーリー　ヒュー。

キャスパー教授　そうだ！　それからカメラはどんどん降りていって、街の教会の尖塔が見えてくる。すると、どんな音が聞こえてくるだろうか？

アンディ　教会の鐘です。

キャスパー教授　どんな音？

アンディ　キーンコーン。

キャスパー教授　教会の鐘はキンコンじゃない！「ゴーン！」だよ。チャールズ。やってみて！

チャールズ　ゴーン［鐘の音真似］。

キャスパー教授　よし、チャールズも前に来て。3人で練習しよう。私は「沈黙」だ。……カメラが降りてきて……。

ゲーリー　ヒュー。ヒュー。

キャスパー教授　そして次は……。

チャールズ　ゴーン。ゴーン。

➔「サウンド・オブ・ミュージック」の冒頭を口で再現する授業

キャスパー教授　そう、その調子だ。さらにカメラが地上に近づくと、木が見えてくる。木の間から聞こえる音は何？

ニコール　鳥のさえずりです。

キャスパー教授　そうだ。じゃあ、ニコールも前に来て。カメラはやがて川を映し出す。すると聞こえる音は？

ベロニカ　水の流れる音です。

キャスパー教授　誰かできるかい？

ベロニカ　アンディならできます！［学生・笑］

キャスパー教授　じゃあ、アンディ。前に来て。

アンディ　わたし「水」なんて無理！

キャスパー教授　想像力を働かせて、アンディ。川が流れる音だ。

アンディ　私、「鳥」の方がよかった……。

キャスパー教授　ダメだよ。いいかい？　上手にやってくれよ。練習しよう。

アンディ　サラサラサラ……［水の音の真似］。

キャスパー教授　まあ、いいだろう。聞こえるように大きくね。カメラがさらに山を下っていくと、20世紀フォックスの楽団が演奏するファンファーレが鳴り響く。誰がやりたい？ ブライアンはどうだ？

ブライアン　「パンパンパパパーン」［序奏の真似］

キャスパー教授　うまいね。じゃあ、前に来て。続いて、60人編成の大オーケストラが音楽を奏で出すんだ。誰がやりたい？

ベロニカ　ダンがやりたい、って。

ダン　言ってないです（笑）。

キャスパー教授　よし、ダンで決まりだ。最後にいよいよ丘の上の場面だ。さあ、主役のジュリー・アンドリュース[9]が見えてきたぞ！ 歌い出しのフレーズは？ スコット。

スコット　The hills are alive with the sound of music……（丘は息づいている。音楽の調べで）。

キャスパー教授　両手を広げて歌うにしては、元気がないな。でもいい。君がジュリーだ。

――　これで音と音のモンタージュを作る準備が整った。これから8人編成のキャストで、『サウンド・オブ・ミュージック』の実演を披露する。日本の視聴者に、アメリカ人の底力を見せるんだ。

――　では、まず私から。沈黙だ。それから……。

ゲーリー　ヒュー、ヒュー……。

チャールズ　ゴーン、ゴーン……。
ニコール　チュンチュン、チュンチュン……。
アンディ　サラサラ、サラサラサラ……。
ブライアン　パンパンパパパーン。パーパーパーパーパーパー。
ダン　ラ、ラーラーラーラー、ラーラーラー、ラーラーラー。
スコット　The hills are alive……。

［全員が一体となってシークエンスの音を奏でる］

キャスパー教授　素晴らしい！　沈黙、効果音、音楽が重なって、1つの大きな流れを形成したのが、これでよくわかったはずだ。演じてくれた諸君に拍手を！　よくできた。ありがとう。

音を並列する場合と対立的に用いる場合

キャスパー教授　音同士のモンタージュの2つ目の例は、音と音を並列につなぐ手法だ。カレル・ライス[10]『土曜の夜と日曜の朝』[11]（1960）では、主人公の工員（アルバート・フィニー）が下心からある女性を家まで送るが、目の前でドアをピシャリと閉められてしまう。ふてくされた彼が道端のゴミバケツのフタを投げると、場面が翌日に変わり、フタの転がる音が工場の機械音に続けられる。2つの音を並列につなげることで、互いの音の意味を強めているんだ。

キャスパー教授　3つ目の例は、音同士を対立させる手法だ。最初の音と対比が生まれるように、次の音をつなげたり、重ねたりする。スタンリー・キューブリック[12]の『博士の異常な愛情』[13](1964)は見たことがあるだろうか? キューブリックは映画のラストで世界を爆発させる。まず聞こえるのはドカンという音だ。その後、監督は、どんな音を足しただろうか?

チャールズ　ラブソングです。

キャスパー教授　ヴェラ・リン[14]の「we'll meet again」という歌だ。このシーンでは、2つの対立する音が重ねられている。[15]世界が核爆弾で滅ぶ音と「また会いましょう」と歌うラブソングだ。

音と映像をモンタージュする方法——類似と対比を用いる

キャスパー教授　一方、音と映像をモンタージュする手法は、両者に何らかの類似が認められる例をまず考えてみよう。講義の最後では、『ジョーズ』を見てもらうが、その例が一番わかりやすい。あの映画を作るにあたっては、現実には存在しないある音を作り上げる必要があった。「サメが人を襲おうとしている」ことを想像させるような音だ。だからジョン・ウィリアムズ[16]とスピルバーグ[17]が考え出したのはどんな音だった？　スコット。

スコット　バンバンバンバン、バンバンバン、ババババ……［ジョーズのテーマ］。

キャスパー教授　これは**「イメージ・サウンド」**と呼ばれるものだ。サメが襲いかかるのを連想させるような音をつける。そうして音と映像を関連づけたんだ。

――こうした類似とは別に、音と映像を対比的にモンタージュする場合もある。古典映画の『ローズ・マリイ』[18]（1936）がそうだ。主人公のローズ（ジャネット・マクドナルド[19]）は騎馬警官に恋をするが、彼は脱獄したローズの弟を刑務所に連行しなければならない。手錠をかけた弟を連れて、馬に乗って丘を降りていく。この場面でローズは歌い始めるが、2人が遠ざかる瞬間、彼女の歌声は大きくなる。なぜ、遠ざかる2人を映した画面で声が大きくなるのか？　ラッセル。

ラッセル　歌が2人を結びつけているからです。

キャスパー教授　離れているのに、ローズの恋人への愛は変わらない。

ラッセル　恋人の思いも募っていく。

キャスパー教授　それがこの映画のテーマだ。愛する人と離れ離れになると、そばにいるときよりも、もっと声を聞きたいと思うものだ。これはとてもロマンティックな映画で、離れていることで、思いがさらに募るんだ。

音の優先順位を考える――『アンナ・カレニナ』のサウンドミックス

キャスパー教授　これまでは、サウンドトラックの基本を確認してきた。続いて、**サウンドミックス**について考えよう。

――　通常、1時間半ぐらいの映画で、超大作でもない場合、1つの映像で同時に使われる音の数は、せいぜい9種類ぐらいだ。一方、『スター・ウォーズ』[20]のような映画では、50種類もの音を同時に使うことだってある。いずれの場合でも、音をミックスするときには、どの音を大きくして、どれを小さくするのか、優先順位をつけなければならない。

――ここでは1935年の映画、『アンナ・カレニナ』[21]を例にとろう。グレタ・ガルボ[22]演じるアンナが夫と競馬場にいるシーンだ。夫を演じるのは、ベイジル・ラスボーン。2人は結婚して10年で、子どもがいる。夫は高級官僚だ。裕福なロシアの上流家庭にありながら、アンナは青年将校のヴロンスキーと出会い、激しい恋に落ちる。このシーンでは、ヴロンスキーが競馬のレースに出場しているんだ。

――まず、サウンドミックスで音のボリュームが一番大きいのは、アンナと夫の話し声だ。次に大きな音は、背景のロマンチックな音楽。3番目は競馬の音。それがサウンドミックスの優先順位[23]だ。

――ところが、同じ映像でも、サウンドミックスを変えれば、別の解釈が生まれる。例えば、一番大きく聞こえるのは競馬の音で、次がロマンチックな音楽、最後に、アンナと夫の話とした場合、セリフは聞き取れないほどかすかな音量になるはずだ。このサウンドミックスは、最初と比べて、どんな意味を持つだろうか?

ゲーリー　最初のミックスでは、アンナと夫の会話を一番重視していて、そこに注意がいくようにしているのだと思います。

キャスパー教授　そう。アンナの注意は夫に向けられていて、競馬はどうでもいいと思っている。では、あとの場合のサウンドミックスは？

ゲーリー　夫との会話よりも、競馬の方が重要だという意味です。

キャスパー教授　競馬の方が大切なのは、彼女が青年将校に恋をしていて、彼がレースに出ているからだ。夫のことはどうでもいいんだ。こんなふうに、**映像は同じでも、音の優先順位によって、どの音を一番大きくして、どの音を小さくするかで、映像の意味を変えることができるんだ。**これも監督の演出の1つで、目ではなく耳に訴えているんだ。

横断的に音を理解する

キャスパー教授　少し脇道に逸れるが、「撮影」に関する講義をしたとき、映像には6つの基本サイズがあるという話をした。覚えてるかな？　チャールズ。

チャールズ　ロングショット、フルショット、ミディアムショット、ミディアムクローズアップ、クローズアップ、超クローズアップの6つです。

キャスパー教授　そうだ。音でも同じことができるんだ。何かわかるかい？

学生　音量ですか？

キャスパー教授　正解だ。音量を調整することで、似たような効果を生みだすことができる。また、「編集と撮影」の話をしたときに、カメラ・アングルの話もしたはずだ。講義の中で、どんなアングルが登場していたか？

ウィル　ハイアングルとローアングルです。

キャスパー教授　それに、通常の、アイ・レベルのアングルも出てきたはずだ。では、音のアングルといえば何だろう？　それは声の高さということだ。そして白黒のなかにも濃淡の階調があり、カラーで配色するときの基本のやり方も話した。これは音でいえば、音色に相当する。

――例えば、セリフをしゃべる役者に、それぞれ声の質感があるように、音には音色がある。もし南北戦争の映画を撮るとしたら、そこに登場する機関車は、第二次世界大戦の頃の機関車や、現代の車輛とは、音がまるで違うはずだ。だから、音色にも注意が必要だ。

――こんなふうに、これまで身につけた知識を利用して、映画の音を考えてみたら、もっと理解は深まると思うんだ。たとえば、「編集」の講義で話した「トランジション」の4つの基本に照らして、思いめぐらせてみればいい。覚えているかい? ダリウシュ。

ダリウシュ　ダイレクト・カット、フェード、ディゾルブ、スーパーインポーズという基本がありました。

キャスパー教授　そうだ。編集の基本として習ったことを、音の現場で考えてみるんだ。すると音でも、ある音から別の音へ、サウンドトフックを編集することができるとわかる。

—　せっかくだから、ダリウシュ。一緒にやってみよう。私が「元気かい、ダリウシュ」と言ったら、これから言う編集のタイプごとに「元気です、ドリュー」と、答えるんだ。まず、ダイレクト・カットだ。では行くぞ。「元気かい、ダリウシュ」。

ダリウシュ　［教授の言葉尻に合わせて］「元気です、ドリュー」。

キャスパー教授　いいだろう。次は、フェード・アウトとフェード・インだ。私の言葉が徐々に小さくなって完全に消えてから、君のセリフが入る。少し語尾を伸ばす感じで、ゆっくりやろう。「元気かい、ダリウシュ」。

ダリウシュ　［しだいに言葉が聞こえるように］「元気です、ドリュー」。

キャスパー教授　次はディゾルブだ。私の言葉が薄れると同時に、君の小声がインサートされて勢いを増す。「元気かい、ダリウシュ?」。

ダリウシュ　［後半の言葉に重ねて］「元気です、ドリュー」。
キャスパー教授　最後は、スーパーインポーズだ。私の声に君の声がまるまるかぶさるんだ。1、2、3、ハイ！
ダリウシュ　「元気かい、ダリウシュ？」。
キャスパー教授　［かけ声に合わせて］「元気です、ドリュー」。
見事だ！　このように編集と音では、同じ手法を用いることが可能だ。「撮影」もそうだ。サウンドをミックスする際、撮影と編集の方法を持ち込むことだってできるんだ。

ティファニーで朝食を——華麗なる音の演出

キャスパー教授　実際の映画では、役者は動きながらセリフを言い、照明やセットも、フレームごとにセッティングが変わる。音響技術が進歩したおかげで、近年では役者が動きながらセリフを話すときや、小道具の鈴が画面の端から鳴り始めて、反対側で鳴り終わったりするときには、音も映像に合わせて、左右に動かすことができるようになった。消防車が画面の奥から手前に向かって走ってくる場面でも、音が徐々に迫るように調整できるんだ。

—　しかし、技術力の乏しい時代にあっても、映像に音をミックスさせることは、果敢に試みられていた。才気あふれる一部の人間が、音に導かれて人物が動いたり、音と映像がダンスしているみたいに、両者の関係を設計したんだ。

—　百聞は一見に如かずだ。これから音楽でそれをやった作曲家、『いつも2人で』でもおなじみの、ヘンリー・マンシーニ[24]の偉業を紹介しよう。

—　上映するのは、『ティファニーで朝食を』(1961)からセリフのない場面。映像に合わせて、巧みに音を操っているシーンだ。実際にダンスしているわけではないが、音楽で盛りあげて、コレオグラファーが役者を振り付けたみたいに演出しているんだ。

—　ちなみにマンシーニは、この映画の主題歌でアカデミー賞を受賞している。その主題歌とはもちろん……。

学生　「ムーン・リバー[25]」です。

キャスパー教授　最高の曲だ。さて、では、彼が音で施した演出を見て、多くのことを学んでほしい。見てもらうのは、ジョージ・ペパード[26]が仕事の報酬として、小切手を手にした後のシーンだ。登場するのは、ジョージ・ペパードとオードリー・ヘプバーン。小切手を貰った記念に、2人は、人生でまだ一度も経験していないことにチャレンジしようと意気投合する。万引きだ。
そこで雑貨店に入っていく――。

――映画「ティファニーで朝食を」

キャスパー教授　見て、どんなことに気づいただろうか？
チャールズ　1つ考えたことがあります。
キャスパー教授　突拍子もないことじゃないだろうね？
チャールズ　この場面では曲を先に作って、録音したスコアを流しながら演技させたのでは？
キャスパー教授　いい意見だ。実は私もスタンリー・ドーネンの本を書いているときに、同じ質問を本人にぶつけてみたことがある。
――『いつも2人で』では、曲を先に用意されたのですよね？　編集も、役者の動きも、車の速度も、ぴったり音楽に合わせて設計されたように見えますから。どの場面も、最初に音楽があって、それをもとにショットを決めていかれたのですよね」と聞いたんだ。
――すると彼は、「あれはマンシーニの手柄だ。私が映像を編集したあとに、彼が曲をつけ

1961

ティファニーで朝食を | Breakfast at Tiffany's

[1]――――雑貨店にいるホリー(ヘプバーン)とポール(ペパード)。
ホリーがおもちゃのラッパに手を伸ばすと、レジの女性店員が怪しげに振り返る。
一吹きしてラッパを戻すホリー。

—

[2]――――歩きながらホリーは様々なものを手に取るが、
その都度、男性店員が睨みを利かせる。

—

[3]――――ホリーが金魚鉢に帽子をかぶせ、持ち去ろうとする。
ポールもコートで隠して協力するが、先ほどの男性店員が見ているのでやめる。

—

[4]――――店を一周したところで、店員同士が話しているのを見て、
ホリーが猫、ポールが犬のお面をかぶりながらソロソロと店外に出てゆく。

• [1]の間、ドラム、ベース、木琴、チューバなどからなる4ビートの音楽が流れ、
2人の動きに合わせてコミカルな彩りを添える。

[ティファニーで朝食を]
監督=ブレイク・エドワーズ。
主演=オードリー・ヘプバーン(ホリー)、ジョージ・ペパード(ポール)。
トルーマン・カポーティの同名小説をベースにした作品。
ニューヨークに暮らす女優の卵ホリーが
小説家ポールと結ばれるまでを描いたロマンティック・コメディ。
第34回アカデミー賞でドラマ・コメディ映画音楽賞、歌曲賞受賞。
[Blu-ray＆DVD発売中 価格:Blu-ray ¥2,381円+税/DVD ¥1,429円+税
発売元:パラマウント・ジャパン

たんだ」と教えてくれた。このことを頭に入れたうえで、いま見た場面を思い出してほしい。

――登場する2人が、あたかも、音楽のビートやリズムに合わせて動いているように、音の演出がなされている。万引きしようと、おもちゃのラッパや帽子、金魚鉢を手にするたびに、ユーモラスな音が鳴り響いて、笑いを誘う。これらの品々を手にするたびに、2人は音楽に合わせてダンスしているみたいだ。音楽の効果で、心躍る場面になったんだ。

――スタンリー・キューブリックの映画にも、これと似たような、軽やかなダンス・シーンがあった。『2001年宇宙の旅』[27]だ。2隻の宇宙船がワルツに乗って、華麗に銀河を舞う。その姿は往年のミュージカル・スター、フレッド・アステア[28]とジーン・ケリー[29]を彷彿させるような優雅さだった。

―― 知りすぎていた男――劇中歌にも仕掛けがある

キャスパー教授 サウンドトラックのある要素が、映画のテーマや物語の原動力になることもある。最初の講義で脚本の話をしたとき、場面設定について教えたが、音で設定を手助けしたり、場所の雰囲気を明らかにすることができるんだ。みんなの頭には、いろんな例が思い浮かぶんじゃないかと思う。

また、音は、モチーフの役割を果たすことだってできる。同じ音が何度も繰り返されているときは、その理由を考えてほしい。きっと、それが物語のカギを握っているはずだ。モチーフは、音楽である場合も、効果音である場合も、言葉である場合もある。映画の途中で歌われる曲の場合もある。

君たちは映画に歌のシーンが登場すると、「トイレでも行くか」と油断してないか。歌のシーンでは、物語の進行や登場人物の描写が中断するから、見逃したところで、ストーリー展開には大差ないと思ってないだろうか？ ところが大いに関係するんだ。

その例として、今から見てもらうのはヒッチコックの『知りすぎていた男』(1956)だ。主役のジェームズ・スチュアート[30]はヒッチコック映画ではおなじみだが、歌手のドリス・デイ[31]の起用は面白い。

彼女が出るからには、当然、歌のシーンが用意されている。歌が実は物語の伏線となっている。ヒッチコックがよく使う手法だ。では前半のシーンを見てみよう。

——映画「知りすぎていた男」

キャスパー教授　実は、エンディングで、誘拐された息子が大使館にいると、主人公の夫婦が知ることができるのは、歌のお陰だ。

——大使館に招かれたドリス・デイが、パーティ客の前で子守唄、「ケ・セラ・セラ」[32]を披露する。すると、監禁されていた息子の耳にも歌声が届く。息子は母親が近くに来ていることを知り、曲に合わせて口笛を吹く。それで、母親も息子が近くにいることに気づくんだ。歌には仕掛けがあるからトイレ休憩に使っちゃダメなんだ。

——しかも、この「ケ・セラ・セラ」という歌は、物語の伏線である上に、彼女の役柄を見事に言い表している。10年の結婚生活で、自分を見失っていた彼女は、誘拐事件を通して自分を取り戻すんだ。

——私はヒッチコックの研究者であり、残された家族とは今も親しくしている。1年置きにヒッチコックの講座を開いていて、授業では必ず、この『知りすぎていた男』も取り上げる。

1956 ## 知りすぎていた男 | The Man Who Knew Too Much

ホテルの一室でマッケンナ夫妻がディナーに行くため、身支度をしている。
ジョー(ディ)が「ケ・セラ・セラ」の一節を歌うと、
奥の部屋でパジャマを着ていた息子が最初から歌い出す。
ベッドを整えながらサビを歌うジョー。
2番の歌詞をデュエットしながら、息子にガウンを着せてやり、
次にハミングしながら踊りだしたところで来客がノックする。
「ケ・セラ・セラ」はスペイン語で「なるようになる」の意。
この歌が物語のラストにおいて重要な伏線となる。

［**知りすぎていた男**］
監督=アルフレッド・ヒッチコック。主演=ジェームズ・スチュワート(ベン・マッケンナ)、
ドリス・デイ(ジョー・マッケンナ)。モロッコを子連れで旅していたマッケンナ夫妻は、
フランス人のスパイと知り合ったことから、思わぬ事件に巻き込まれる。
ヒッチコックが得意とした巻き込まれ型サスペンスの代表作で、
戦前に撮った『暗殺者の家』(1934)をリメイクしたもの。
第29回アカデミー賞で主題歌「ケ・セラ・セラ」が歌曲賞を受賞。
［Blu-ray＆DVD発売中 価格:Blu-ray ¥1,886円+税/DVD ¥1,429+税
発売元:NBCユニバーサル・エンターテイメント

――本当のことをいうと、現実のドリスはこの子守歌が嫌いだったそうだ。でもヒッチコックはこだわった。彼は、母親が子供に歌うような歌が良いと考えていたんだ。それでなんとか説得して歌わせた。

――さらに、彼は商売上手でもあったので、あの歌のレコードを作るように勧めたんだ。彼女が乗り気じゃなかったので、ヒッチコックは別の曲を披露する場面まで作ってあげた。大使館のシーンでちょっとだけ歌われるバラードだ。その2曲を合わせてレコードを作った。

――結局、バラードのほうはまるで話題にならなかったが、「ケ・セラ・セラ」は違った。この映画が公開されたのは春の終わりで、夏には、どこのラジオやテレビからも、どのスピーカーやダンスホールからも、聞こえてくるのはあの歌だけだった。

――そして翌年3月のアカデミー賞授賞式。もうわかるよね。そう、あの曲が歌曲賞を受賞した。そうしてドリス・デイの代表曲になったんだ。彼女にとってはまさに予想外の幸せとなった。

ジョーズ――あらゆる音が詰め込まれた究極の映画

キャスパー教授　まだまだ話したいのに、そろそろフィナーレの時間だ。最後に素晴らしい作品を見て、この特別講義を終えよう。私は大学でスピルバーグ映画の講座を持っていて、本人もときどき顔を出してくれる仲だ。本人にも言ったが、これから見てもらうのは、私が彼の最高傑作だと思っている作品だ。スピルバーグはいまだにこの作品を超えていないだろう。

――もうお分かりだね。上映するのは『ジョーズ』(1975)だ。冒頭の衝撃的なシークエンスを見て、どんな音が使われてるのか検討してほしい。

――最初に答えを言ってしまうが、**この映画には、音による演出のほぼすべての手法が盛り込まれている**。音楽や効果音、そして沈黙もある。それらがどのように使われ、どのような効果を発揮しているか？　お手本を見て学ぼう。

――映画　「**ジョーズ**」

キャスパー教授　ここにないのは、オフスクリーンのナレーションだけだ。それ以外の、あらゆる音のテクニックが使われている。何に気づいただろうか？　ローレン。

ローレン　本当にいろんなテクニックが詰まっていました。特に、最後、浜辺にいる青年の沈黙と、海で悲鳴を挙げる女性との対比が強烈でした。

キャスパー教授　沈黙の効果だ。死を象徴する沈黙がある。では、どんな効果音が使われていただろう？

ローレン　例のイントロが聞こえることで、サメが女性を見つけたと分かります。

キャスパー教授　そう。イメージ・サウンドだ。サメが近づいてくることをイメージさせる音だ。サメの姿はまだ見えなくて、泳いでいる彼女を水中から撮っているときの音はどうだった？

ゲーリー　最初は微かに聞こえる程度でした。

キャスパー教授　静かでリリカルだ。気持ちよさそうに泳いでいて、詩的な表現だ。それが変わっていく。穏やかな音楽が次第に変化していくんだ。では、シーンの始まり方はどうだっただろう？最初はどんな音がした？

アンディ　海岸でパーティをしている音です。

キャスパー教授　とても騒がしかった。若者たちがおしゃべりをして、笑ったり、キスをしたり、いろんな音が聞こえていた。そこからだんだん音が絞られていくんだ。ボリュームの変化に注意が必要だ。一番音が大きかったのはどのシーンになる？

アンディ　女性が悲鳴を上げた瞬間です。

1975

ジョーズ | JAWS

[1]——夕暮れの砂浜。若者たちがパーティをしていて、ラジオの音やざわめきが聞こえる。
みんなの輪から外れた男女が見つめ合う。女が走り出し、男は後を追いかける。

—

[2]——走りながら服を脱ぎ裸で海に飛び込む女と、
服が脱げずに浜辺でもたもたする男が映される。

—

[3]——女が水面を泳いでいると、断続的に鐘の音が聞こえる。
女が「遅いわね」と声を掛けるが、男は服が脱げなくて座り込んでしまう。

[4]——泳ぐ女が水中から見上げるように映され、静かに音楽が流れ始める。

—

[5]——女が水面から顔を出して、立ち泳ぎを始める。
女の足下にしだいに近づいていくカメラ。
その動きに合わせて音楽のボリュームが一気に上がる。

—

[6]——サメに足を引っ張られて水面に沈む女。サメに引きずり回されて身動きができない。

—

[7]——浜辺で寝入る男。寝言と波の音だけが聞こえる。

[ジョーズ]
監督=スティーヴン・スピルバーグ。主演=ロイ・シャイダー(ブロディ署長)、
リチャード・ドレイファス(マット)、ロバート・ショウ(サム)。
巨大ザメのジョーズが人間を襲い始め、
警察署長のブロディはふたりのスペシャリストと共に退治に乗り出す。
第48回アカデミー賞で編集賞、作曲賞、音響賞受賞。
[Blu-ray & DVD発売中 価格:Blu-ray ¥1,886円+税/DVD ¥1,429円+税
発売元:NBCユニバーサル・エンターテイメント]

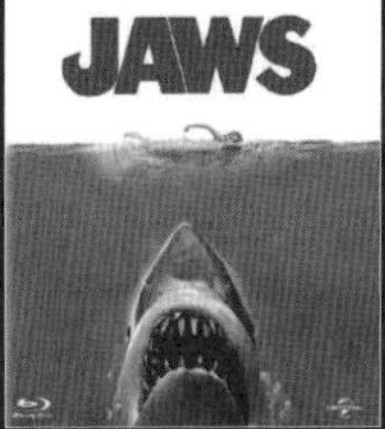

キャスパー教授　そう。彼女がサメに引きずり回される場面だ。当然、そこが一番の大音量だ。さっき浜辺の青年と水中の彼女の音の対比について答えてくれたが、青年はどんな音で表現されていた？

ローレン　無音です。

キャスパー教授　ほとんど無音だ。何を言っているのか分からず、ぶつぶつ呟くだけだ。では、音の使い方について、他に何か気づいた人は？　ダン。

ダン　鐘の音です。

キャスパー教授　そうだ。あれはどういう意味だろう？　何度か聞こえていたね？　とすると、あれはモチーフだ。

ダン　はい。水に入ってからくり返し聞こえました。

キャスパー教授　どんな効果があるんだろう？　あれは、何か危険を知らせるものなのか？

ダン　たぶん警告です。

キャスパー教授　警告の鐘だ。ずっと警告しているのに、彼女はその音に気づいていない。それがモチーフであり、映画の中で何度も使われているんだ。

―『ジョーズ』の素晴らしい音の演出を語り尽くしたところで、時間になった。最後に一言。私はこの特別講義を通して「時間と空間は相関関係にある」と説明してきた。しかし、実は音と空間も相関関係にあるんだ。音が強くなると、距離は近くなり、弱くなると、遠ざかる。騒々しいときは空間が狭くなり、音が少ないと広くなる。

―フレームの外から聞こえてくる音は、画面の外の空間を意識させる。さらに、**音は空間だけではなく、時間とも相関関係にある。**音が多いほど時間が過ぎるのは早く、音が少ないほど時間はゆっくり流れる。

―映画において、音はこのような効果を発揮する。どういう音や音楽を使うかによって、映画の体感時間を早めたり、引き伸ばしたりできるんだ。

―しかし、音は、たくさん使えばいいというものではない。世の中は音であふれている。現実の世界では何百、何千もの音が同時に存在している。それは混沌そのものだ。

―映画の音は選んで、秩序立てて使わなくてはいけない。現実を模倣するだけでは、芸術とは呼べない。現実を表現するんだ。映画は、現実を記録するのではなくて、それを解き明かす表現なんだ。現実を再現するのではなく、解き明かすんだ。

―

私はふだん、大学で15週にわたる講座をもっているが、今回はたった5回の講義だ。でも君たちが温かく迎えてくれたおかげで、親しみをもって授業を終えることができる。君たちがいろんなことを吸収して、どんどん心を開いてくれるのが私には励みになった。好奇心一杯の顔で、目と耳をしっかり開いて、講義を聞いてくれたことに心から感謝したい。それが今回の講義での、いちばんの収穫だ。君たちと会えたことは忘れないだろう。どうも、ありがとう。

付録

脚註 FOOT NOTE

● 第1回／脚本

[1] 『マイ・フェア・レディ』(1964)——監督＝ジョージ・キューカー。主演＝オードリー・ヘプバーン(イライザ)、レックス・ハリソン(ヒギンズ)。ブロードウェイで7年近く上演されたミュージカルの映画化。20世紀初頭のロンドンを舞台に、訛のある花売り娘イライザと紳士淑女の話し方を教えるヒギンズ教授のロマンスを描く。周防正行監督の『舞妓はレディ』は、本作にヒントを得た作品である。

[2] 『私に近い6人の他人』(1993)——監督＝フレッド・スケピシ。主演＝ストッカード・チャニング(ウイザ・キットレッジ)、ドナルド・サザーランド(フラン・キットレッジ)。『アトランティック・シティ』で知られるジョン・グエアの戯曲を映画化した作品。息子の友だちと称する黒人に翻弄される白人の画商夫婦を描いて、人種間や階級意識に潜む問題を浮き彫りにする。若きウィル・スミスが重要な役で出演している。

[3] 『禁断の惑星』(1956)——監督＝フレッド・マクラウド・ウィルコックス。主演＝ウォルター・ピジョン(モービアス博士)、レスリー・ニールセン(アダムス機長)。1950年代に作られた先駆的なSF映画。地球からの移民が住む惑星を舞台に、娘を溺愛するモービアス博士と、移民調査団の宇宙飛行士との対立を描く。潜在意識が生みだす怪獣、人間に奉仕するロボットといった発想は、その後のSFに大きな影響を及ぼした。

[4] フレデリック・ラファエル(1931-)——男性遍歴を重ねても心満たされない女性を描いた『ダーリング』でアカデミー脚本賞を受賞。『アイズ・ワイド・シャット』の脚本を書く際、監督のスタンリー・キューブリックと意気投合できなかった

ことを著書『アイズ・ワイド・オープン』(徳間書店)で告白し、話題になった。

[5] **ビリー・ワイルダー**(1906-2002)――シリアスな題材から洒脱なコメディまで、幅広い作品を手がけた映画監督。脚本家出身で、自作のほぼ全てを共同で執筆。代表作に『サンセット大通り』『お熱いのがお好き』『アパートの鍵貸します』などがある。

[6] **フランク・ダラボン**(1959-)――『ショーシャンクの空に』『グリーンマイル』『ミスト』など、スティーヴン・キングの小説の映画化で知られる監督。脚本家としても知られ、ホラーから大作までさまざまな作品に関わる。記憶喪失になる脚本家を主人公にした『マジェスティック』などの監督作もある。

[7] **『ウォーターワールド』**(1995)――監督=ケビン・レイノルズ。主演=ケビン・コスナー(マリナー)、デニス・ホッパー(ディーコン)。海洋惑星となった地球で、エラのある両棲人間マリナーとディーコン率いる海賊団が伝説の土地ドライランドを求めて闘う、海洋SFアドベンチャー。ユニバーサル・スタジオ・ジャパンのアトラクションにもなった。

[8] **ピーター・レイダー**――『ブラッドハウス/恐怖がつきささる』で監督デビュー。『ウォーターワールド』で脚本家に転身。

[9] **デビッド・トゥーヒー**(1955-)――『逃亡者』で一躍勇名を馳せ、『リディック』で監督と脚本を務める。近作に『リディック:ギャラクシー・バトル』がある。

[10] **『逃亡者』**(1993)――監督=アンドリュー・デイヴィス。主演=ハリソン・フォード(キンブル)、トミー・リー・ジョーンズ(ジェラード)。妻殺しの汚名を着せられた医師キンブルは、囚人護送車から脱走して犯人探しに奔走するが、ジェラード連邦保安官補に執拗に追跡される。1960年代に人気を呼んだTVドラマの映画化。原案をトゥーヒーが手がけ、トゥーヒーとジェブ・スチュアート(『ダイ・ハード』ほか)が共同で脚本を書いた。

[11] **『スピード』**(1994)――監督=ヤン・デ・ボン、主演=キアヌ・リーブス(ジャック)、サンドラ・ブロック(アニー)。超高層ビルのエレベーターに爆弾が仕掛けられ、ロス市警SWATのジャックは乗客を救出するが、警察に恨みのある犯人は路線

バスを爆破すると挑発する。凶悪犯罪に立ち向かう警察特殊部隊の活躍を描く痛快アクション。サンドラ・ブロックが男勝りのバス運転手アニーを演じ、一躍スターの仲間入りを果たした。

[12] **ジョス・ウェドン**(1964-)——TVドラマの脚本を手がけたのち、映画界に進出。『X-メン』『マイティ・ソー』などマーヴェル・コミックの共同脚本に参加。2012年以降、『アベンジャーズ』シリーズで監督と脚本を務めている。『スピード』にはノンクレジットで関わり、セリフの大部分をリライトした。

[13] **3人の脚本家**——『ウォーターワールド』のタイトル・ロールに記されているのはピーター・レイダーとデヴィッド・トゥーヒーの2人。ジョス・ウェドンはノンクレジットで参加した。

[14] **ケビン・レイノルズ**(1952-)——ベトナム戦争最中の青春像を描いた『ファンダンゴ』で監督デビュー。主演したケビン・コスナーとコンビを組み、『ロビン・フッド』、『ウォーターワールド』の監督を務める。近年は『モンテ・クリスト伯』『トリスタンとイゾルデ』など文芸物を手がけている。

[15] **ケビン・コスナー**(1955-)——『アンタッチャブル』『フィールド・オブ・ドリームス』で人気を決定づける。監督業にも進出し、『ダンス・ウィズ・ウルブズ』でアカデミー作品賞と監督賞を受賞。

[16] **アルフレッド・ヒッチコック**(1899-1980)——「サスペンスの神様」と呼ばれる名監督。長らく母国の英国で作品を作ってきたが、1940年ハリウッドに招かれて撮った『レベッカ』でアカデミー作品賞を受賞。以来、アメリカで映画を撮り続けた。代表作に『めまい』『サイコ』『鳥』などがある。

[17] **ベン・ヘクト**(1894-1964)——会話を書く才能と素早く脚本を仕上げる能力に長けていたことから、「ハリウッドのシェークスピア」とも称された脚本家。アカデミー賞に6回ノミネートされ、二度の受賞歴がある。

[18] **いくつもの脚本**——ヘクトの名がクレジットされたヒッチコックの映画は『白い恐怖』『汚名』の2本だけだが、『海外特派員』『救命艇』『パラダイン夫人の恋』『ロープ』にもノンクレジットで参加している。

［19］**『汚名』**(1946)――監督＝アルフレッド・ヒッチコック。主演＝ケーリー・グラント（デヴリン）、イングリッド・バーグマン（アリシア）。父親がナチスのスパイだったことから、売国奴の娘と非難されたアリシアは、ＦＢＩのデヴリンにナチ残党の捜査協力を依頼される。ロマンスとサスペンスを最大限に高めたヒッチコック・タッチが光る一作。

［20］**パディ・チャイエフスキー**(1923-1981)――『マーティ』でアカデミー脚色賞、『ホスピタル』『ネットワーク』でアカデミー脚本賞を受賞。劇作家としても作品を残している。

［21］**『マーティ』**(1955)――監督＝デルバート・マン。主演＝アーネスト・ボーグナイン（マーティ）、ベッツィー・ブレア（クララ）。心優しくも容姿の冴えないマーティと地味なクララの出会いを描いたラブストーリー。ＴＶショーとして放映された作品だが、映画化されて、アカデミー作品賞など4部門に輝いた。

［22］**『ホスピタル』**(1971)――監督＝アーサー・ヒラー。主演＝ジョージ・Ｃ・スコット（ボック）。病院機構の乱れからどんな不測の事態が生じるのかを描いた風刺劇。家庭崩壊に悩むボック院長が病院内で立て続けに起きる死亡事件の真相を追ううちに、精神の極限状態に追い込まれる。

［23］**『ネットワーク』**(1976)――監督＝シドニー・ルメット。主演＝フェイ・ダナウェイ（ダイアナ）、ピーター・フィンチ（ハワード）。視聴率の低迷に悩むキャスターのハワードが番組で狂信的な発言をして話題になる。編成局長のダイアナは彼を教祖的存在に祭り上げるが、再び数字が取れなくなり、ある暴挙に打って出る。ＴＶ業界の内実を描いた社会派作。

［24］**『アルタード・ステーツ／未知への挑戦』**(1980)――監督＝ケン・ラッセル。主演＝ウィリアム・ハート（エドワード）。科学者のエドワードは細胞レベルの記憶を呼び覚ます実験を行い、生命の源を知ろうとするが、変成意識の体験とともに肉体も類人猿化してしまう。強烈な幻覚シーンで知られるＳＦ映画。チャイエフスキーは原作者として名前を留めているが、脚本にはシドニー・アーロンというペンネームを用いた。

［25］**ケン・ラッセル**(1927-2011)――耽美かつエキセントリックな作風で知られる映画監督。Ｄ・Ｈ・ロレンスの小説を映画化し

た『恋する女たち』、伝記映画『マーラー』、ロックオペラ『トミー』などの代表作がある。

[26] **『プライベート・ライアン』**(1998)——監督＝スティーヴン・スピルバーグ。主演＝トム・ハンクス(ミラー大尉)、マット・デイモン(ライアン2等兵)。ノルマンディー上陸作戦に参加したミラー大尉は、フランスで行方不明になったライアン二等兵を探すよう司令を受ける。『シンドラーのリスト』以来、スピルバーグに二度目のアカデミー監督賞をもたらした作品。

[27] **『花嫁はエイリアン』**(1988)——監督＝リチャード・ベンジャミン。主演＝ダン・エイクロイド(スティーブ)、キム・ベイシンガー(セレステ)。科学者のスティーブが行った実験のおかげで、遠く離れた惑星が滅亡の危機にさらされる。危機を脱するために、惑星の長老たちは、セレステを地球に派遣する。やもめの男性とエイリアンの花嫁の関係を描いたコメディ。

[28] **フランソワ・トリュフォー**(1932-1984)——恋愛の歓喜と苦悩を多く描いたことから、「愛のシネアスト」と呼ばれた映画監督。ジャン＝リュック・ゴダールと共にヌーヴェルヴァーグ運動の中心を担い、映画界に新風を巻き起こした。代表作に『大人は判ってくれない』『恋のエチュード』など。

[29] **アン・リー**(1954-)——台湾出身の映画監督。『ブロークバック・マウンテン』『ライフ・オブ・パイ／トラと漂流した２２７日』で、二度アカデミー監督賞を受賞している。

[30] **『ライフ・オブ・パイ／トラと漂流した227日』**(2012)——監督＝アン・リー。主演＝スティーブ・シャルマ(パイ)。海難事故で両親を失った16歳の少年パイは、同じ船の生き残りである動物たちとライフボートで海洋を漂流する。想像を絶するストーリーを通して、神、宗教、物語への理解が促される。

[31] **『ピンク・フロイド ザ・ウォール』**(1982)——監督＝アラン・パーカー。主演＝ボブ・ゲルドフ(ピンク)。ピンク・フロイドが１９７９年に発表したコンセプト・アルバム『ザ・ウォール』を、アルバムの音楽を用いて映像化した作品。

[32] **スタンリー・ドーネン**(1924-)——ダンサーとしてキャリアをスタートさせ、振付師を経て映画監督となる。１９５０年代はミュージカルを多く手がけ、60年代はオードリー・ヘプバーン主演の洒脱なコメディで手腕を発揮した。『雨に唄

えば』(ジーン・ケリーとの共同監督)『略奪された七人の花嫁』『シャレード』など。

[33] **オードリー・ヘプバーン**(1929-1993)――ハリウッドの黄金時代を代表する女優。1953年『ローマの休日』でアカデミー主演女優賞を受賞。以降、『麗しのサブリナ』『ティファニーで朝食を』『シャレード』など数々の話題作に出演し、長年トップ・スターとして活躍した。

[34] **アルバート・フィニー**(1936-)――1960年『土曜の夜と日曜の朝』で主役を演じ脚光を浴びる。『トム・ジョーンズの華麗な冒険』『オリエント急行殺人事件』『ドレッサー』と順調にキャリアを重ね、名優としての地位を築く。

[35] **モーガン・フリーマン**(1937-)――舞台俳優としてデビューし、1989年『ドライビングＭＩＳＳデイジー』で頭角を現わす。2004年『ミリオンダラー・ベイビー』でアカデミー助演男優賞受賞。『セブン』『許されざる者』『インビクタス／負けざる者たち』などの作品に出演。

[36] **ティム・ロビンス**(1958-)――『ショーシャンクの空に』のアンディ役が話題となり、その後『ミッション・トゥ・マーズ』『ミスティック・リバー』をはじめ、主役から脇役までできる俳優として活躍する。『デッドマン・ウォーキング』『クレイドル・ウィル・ロック』など、自身で脚本を書き、監督した作品の評価も高い。

[37] **マーティン・スコセッシ**(1942-)――出身地のニューヨークを舞台にした多くの作品を手がける。自らの出自であるイタリア系移民を描いた映画も多い。代表作に『タクシードライバー』『レイジング・ブル』。『ディパーテッド』で念願のアカデミー作品賞・監督賞を受賞した。

[38] **『エイジ・オブ・イノセンス』**(1993)――監督＝マーティン・スコセッシ。主演＝ダニエル・デイ＝ルイス(ニューランド)、ミシェル・ファイファー(エレン)。19世紀後半のニューヨークを舞台に、厳格な上流社会に生まれたニューランドと、不幸な結婚をした伯爵夫人エレンとの愛を描いた大河ロマン。ピューリツァー賞を受賞した同名小説の映画化。

[39] **ジョアン・ウッドワード**(1930-)――1957年、『イブの三つの顔』でアカデミー主演女優賞受賞。ハリウッドのウォー

ク・オブ・フェームに、最初に星型プレートが刻まれた俳優であった。

[40] **『市民ケーン』**(1941)――監督・主演＝オーソン・ウエルズ(ケーン)。共演＝ジョゼフ・コットン(リーランド)。死んだ新聞王ケーンの生涯を、周辺人物の証言を通して描いた名作。後見人サッチャー、側近のバーンスタイン、劇評家リーランド、二度目の妻スーザン、執事レイモンドの証言から、主人公の生い立ちが浮かび上がる。アカデミー脚本賞を受賞。

[41] **「バラのつぼみ」**――ケーンが最後に遺した言葉。人生の秘密がこの一語に秘められていると考えたニュース映画社の記者が、取材を開始することから物語が展開される。

[42] **『ギルダ』**(1946)――監督＝チャールズ・ヴィダー。主演＝リタ・ヘイワース(ギルダ)、グレン・フォード(ジョニー)、ジョージ・マクレディ(ベイリン)。賭博師のジョニーはブエノスアイレスで、かつて愛した女ギルダに再会するが、彼女は恩人であるカジノの首領ベイリンと結婚していた。愛されたいがゆえに冷たく振る舞うギルダを、リタ・ヘイワースが演じた伝説の作品。

[43] **リタ・ヘイワース**(1918-1987)――１９４０年代を代表するセックス・シンボル。『いちごブロンド』でスターの座を掴み、『血と砂』『カバーガール』でトップ女優の仲間入りを果たす。人気を決定づけた『ギルダ』はファム・ファタール(魔性の女)の代名詞となった。

[44] **ジョージ・マクレディ**(1899-1973)――『ギルダ』の夫役、『突撃』のミロー将軍役など悪役を得意とした。

[45] **グレン・フォード**(1916-2006)――『暴力教室』『シマロン』『ポケット一杯の幸福』など、多くの作品で主演を務める。親日家であり、『八月十五夜の茶屋』『ミッドウェイ』『復活の日』といった日本関連の作品にも出演した。

● 第2回｜ビジュアル・デザイン

[1] **グラフィック・デザイン**――ソウル・バスと並ぶタイトル・デザインの大家、モーリス・ビンダーが手がけた。ビンダーは

『007』シリーズの銃口からジェームズ・ボンドが見える有名なタイトル・ロールを手がけた人物で、『バーバレラ』『シャレード』『ラスト・エンペラー』などでも優れたセンスを発揮した。

[2] **『晴れた日に永遠が見える』**(1970)——監督＝ビンセント・ミネリ。主演＝バーブラ・ストライザンド(デイジー)、イブ・モンタン(マルク)。1965年に上演されたブロードウェイ・ミュージカルを映画化した作品。大学生のデイジーがマルク教授の催眠療法を受けるうちに、過去の時代の様々な人物の生まれ変わりであることが判明する。ミネリ監督の遺作となったロマンチック・コメディ。

[3] **バーブラ・ストライサンド**(1942-)——米国で最大級の人気を誇るポピュラー・シンガー。女優としても才能を発揮し、映画初出演となる『ファニーガール』でアカデミー主演女優賞を受賞。『追憶』『スター誕生』(1976年のリメイク版)でも主演を務め、後者で歌った主題歌がアカデミー歌曲賞に輝いた。

[4] **レンブラント・ライティング**——人物の鼻筋に対して、45度斜め上方から照明を当てるライティング法。影に覆われる顔半分に逆三角形のハイライトができるのが特徴。

[5] **ロマン・ポランスキー**(1933-)——『水の中のナイフ』で監督デビュー。母国ポーランドから英米と渡り歩き、ハリウッドで『ローズマリーの赤ちゃん』『チャイナタウン』を撮って好評を博す。ホラーから文芸物まで手がける職人肌の監督で、『戦場のピアニスト』でアカデミー作品賞、監督賞などを受賞した。

[6] **『ローズマリーの赤ちゃん』**(1968)——監督＝ロマン・ポランスキー。主演＝ミア・ファーロー(ローズマリー)、ジョン・カサベテス(ガイ)。ローズマリーと役者志望の夫ガイはニューヨークのアパートに越してくるが、隣人たちと知り合ううちに、夫婦関係に亀裂が生じていく。オカルト的な結末をもつアイラ・レヴィンの同名小説の映画化。

[7] **ハンフリー・ボガート**(1899-1957)——斜に構えたタフガイを演じたら右に出る者はいない名優。37歳のとき『化石の森』の悪役で演技開眼し、40歳を過ぎてから主役に上りつめる。『マルタの鷹』『三つ数えろ』などのハードボイ

ルドで不動の人気を確立。1951年、『アフリカの女王』でアカデミー主演男優賞を受賞。

[8] **イングリッド・バーグマン**(1915-1982)——1940年代から晩年まで活躍した映画界を代表する女優。スウェーデンからアメリカに渡り、1939年ハリウッド・デビュー。『ガス燈』『追想』でアカデミー主演女優賞、『オリエント急行殺人事件』で同助演女優賞に輝いた。『汚名』をはじめとするヒッチコック映画に3本出演するほか、『イタリア旅行』『恋多き女』『秋のソナタ』などヨーロッパ圏の名作にも出演している。

[9] **ポール・ヘンリード**(1905-1992)——ドイツで俳優デビューするが、戦火を逃れてハリウッドに渡る。『カサブランカ』でレジスタンスの闘士ラズロを演じて人気を博す。

[10] **マイケル・カーティス**(1886-1962)——『カサブランカ』でアカデミー監督賞。『汚れた顔の天使』『ヤンキー・ドゥードゥル・ダンディ』『俺たちは天使じゃない』でも知られる。

[11] **アーサー・エディソン**(1891-1970)——ドイツ表現主義の影響を受けた名手で、サイレント時代から40年近くにわたってハリウッドの映画会社の撮影監督を務め、白黒映画の撮影スタイルを確立した。『西部戦線異状なし』『フランケンシュタイン』『マルタの鷹』が代表作。

[12] **ビンセント・ミネリ**(1903-1986)——1940年代から50年代にかけて多くのミュージカル映画を手がける一方、コメディやシリアス・ドラマでも手腕を発揮した。『花嫁の父』『バンド・ワゴン』『恋の手ほどき』などの作品がある。

[13] **ジュディ・ガーランド**(1922-1969)——17歳のとき、『オズの魔法使』で主役デビューし、ミュージカル・スターの座を確立。その後、数々の作品に出演するが、薬物中毒で作品を降板するなど波乱の生涯をおくる。成人してからの代表作に『スタア誕生』(1954年版)がある。「ジュディ・アット・カーネギーホール」で1962年グラミー賞を受賞した。

[14] **トム・ドレイク**(1918-1982)——作曲家のリチャード・ロジャースを演じた『ワーズ&ミュージック』などで知られる。

[15] **「トロリー・ソング」**——ヒュー・マーティン(作曲)とラルフ・ブレイン(作詞)による軽快なナンバー。フランク・シナトラ、ジョ

アン・ジルベルト、ルーファス・ウェインライトなど様々な歌手にカバーされた。

[16] **ルシル・ブレマー**(1917-1996)——ブロードウェイの舞台を経て映画界に入り、『若草の頃』『ヨランダと海賊』などのミュージカルで活躍するが、若くして引退した。

[17] **「セントルイスで会いましょう」**——1904年に開催されたセントルイス万博のテーマ・ソング。

[18] **『雨に唄えば』**(1952)——監督=スタンリー・ドーネン、ジーン・ケリー。主演=ジーン・ケリー(ドン)、デビー・レイノルズ(キャシー)。悪声の女優とサイレント映画で主役コンビを組んできたドンは、新たに作られるトーキー映画で歌のうまいキャシーを吹き替えに起用するが、怒った女優がキャシーに嫉妬して騒動が起こる。サイレントからトーキーに移行する映画界を描いた傑作ミュージカル。

[19] **アナ・ケンドリック**(1985-)——2003年に映画デビュー。『マイレージ、マイライフ』で注目を集めて以来、『スコット・ピルグリムvs.邪悪な元カレ軍団』『50/50フィフティ・フィフティ』などに出演。今後の活躍が期待される若き演技派。

[20] **ジョージ・クルーニー**(1961-)——TV『ER緊急救命室』で人気に火がつく。以降、『オーシャンズ11』『フィクサー』『ファミリー・ツリー』など様々な映画に出演。『シリアナ』でアカデミー助演男優賞を受賞。『グッドナイト&グッドラック』『スーパー・チューズデイ 正義を売った日』といった監督兼任作も評価が高い。

[21] **『ノートルダムのせむし男』**(1923)——ヴィクトル・ユーゴーが1831年に書いた小説『ノートルダム・ド・パリ』を映画化した作品。本作はサイレントだが、1939年にトーキーでリメイクされ、さらに1956年、フランスでカラー映画が製作された。ディズニーの『ノートルダムの鐘』は、原作の悲しい物語をハッピーエンドにアレンジしたものである。

[22] **ロン・チェイニー**(1883-1930)——秀逸なメイクアップ技術と卓越した演技力で「千の顔をもつ男」と称された怪奇映画スター。

[23] **ディック・スミス**(1922-2014)——特殊メイクを芸術のレベルまで高めた第一人者。『ゴッドファーザー』『アマデウス』の老

いた主人公、『エクソシスト』の悪魔に取り憑かれた少女の造形で知られる。

[24] **リック・ベイカー**(1950)――『狼男アメリカン』で認められ、マイケル・ジャクソンのミュージック・ビデオ「スリラー」を担当し、特殊メイク界の寵児となる。『エド・ウッド』『メン・イン・ブラック』など。

[25] **『フォレスト・ガンプ 一期一会』**(1994)――監督＝ロバート・ゼメキス。主演＝トム・ハンクス(フォレスト)。知能指数の低いフォレストが周囲に感動を与えて、成長する姿を描いた作品。1950－80年代までのアメリカ現代史をひもとくように物語が展開され、ハンクス扮する主人公とエルヴィス・プレスリーやケネディ大統領、ジョン・レノンの実際の映像が合成されて彩りを添える。アカデミー賞では作品賞をはじめ6部門で受賞。

[26] **『スピーシーズ 種の起源』**(1995)――監督＝ロジャー・ドナルドソン。主演＝ナターシャ・ヘンストリッジ(シル)。人間とエイリアンのDNAを融合させて生まれたシルは、生殖の相手を求めて邪魔な人間を殺戮する。シルからモンスターが産み落とされ、急激に繁殖するのを防ぐため、科学者たちは追跡する。母親と同じ「シル」と名付けられたモンスターのデザインを、『エイリアン』シリーズでお馴染みのH・R・ギーガーが担当した。

[27] **『ジュラシック・パーク』**(1993)――監督＝スティーブン・スピルバーグ。主演＝サム・ニール(グラント博士)。最新テクノロジーによって現代に甦った恐竜を保護する孤島のテーマ・パークが、制御不能に陥るパニック・ドラマ。恐竜の造形はすべてCGIによってなされた。

● 第3回｜撮影

[1] **キャロル・リード**(1906-1976)――俳優から映画監督になり、『邪魔者は殺せ』で認められる。『落ちた偶像』『第三の男』『フォロー・ミー』が代表作。

[2] 『第三の男』(1949)――監督=キャロル・リード。主演=ジョゼフ・コットン(ホリー)、オーソン・ウエルズ(ハリー)。第二次大戦後のウィーンに、売れない作家ホリーが親友ハリーの誘いでやってくる。ところが、ハリーは事故で死に、生前は闇商売の元締めだったと警察に聞かされる。親友の無実を信じるほど、裏の顔を知ることになる辛口のサスペンス・ドラマ。アカデミー撮影賞受賞。

[3] ブレイク・エドワーズ(1922-2010)――『ピンク・パンサー』シリーズで知られる映画監督。『ティファニーで朝食を』『酒とバラの日々』などの文芸物も手がけた。

[4] 『テン』(1979)――監督=ブレイク・エドワーズ。主演=ダドリー・ムーア(ジョージ)、ジュリー・アンドリュース(サマンサ)、ボー・デレク(ジェニー)。有名な作曲家ジョージは歌手のサマンサと恋仲だが、街で見かけた十点満点のルックスの女性ジェニーが忘れられず、行方を追い求める。中年期の男女の焦燥をユーモラスに描いたロマンティック・コメディ。望遠鏡大に画面を切り取るアイリス・ショットはサイレント映画時代によく使われた手法であり、本作ではほのぼのとしたラスト・シーンを含めて、印象的に使われている。

[5] ダドリー・ムーア(1935-2002)――ロンドンでコメディアンとして活躍したのち、ハリウッドに招かれる。『ファール・プレイ』の演技が認められて、『テン』で主役の座を射止めた。その他の作品に『ミスター・アーサー』『殺したいほど愛されて』などの作品がある。作曲家、ピアニストとしての才能にも恵まれたが、不治の難病を患い、60代半ばで逝去した。

[6] 『巴里のアメリカ人』(1951)――監督=ビンセント・ミネリ。主演=ジーン・ケリー(ジェリー)、レスリー・キャロン(リズ)。パリで画家修業をするジェリーはパトロンに言い寄られるが、酒場で見たリズに一目惚れしてしまう。ジョージ・ガーシュウィンの名曲を集めたミュージカルで、ユトリロ、ロートレックなど印象派の絵画を模した美術セットで背景を彩るなど趣向を凝らした作品。アカデミー作品賞、脚本賞、撮影賞など六部門で受賞した。

[7] フランツ・ワックスマン(1906-1967)――映画音楽とクラシックの両方の世界で活躍した作曲家。『サンセット大通り』『陽

のあたる場所』で二年連続アカデミー音楽賞を受賞。

[8] **シェリー・ウィンタース**(1920-2006)――デビュー以来、B級のフィルム・ノワールや西部劇に出演してきたが、原作に惚れ込んで自らを売り込み、『陽のあたる場所』のアリス役に抜粋される。以後、着々とキャリアを築き、『アンネの日記』『いつか見た青い空』でアカデミー助演女優賞を受賞した。

[9] **モンゴメリー・クリフト**(1920-1966)――ブロードウェイで子役時代から活躍し、1948年『赤い河』でハリウッド・デビュー。『陽のあたる場所』で人気を決定づける。『ここより永遠に』『去年の夏突然に』などに出演し、1960年代前半までスターの座を守り続けるが、薬物問題などを抱え45歳の若さで亡くなった。

[10] **エリザベス・テイラー**(1932-2011)――子役からキャリアを積み、ハリウッドの黄金時代を築いた女優。『花嫁の父』『陽のあたる場所』でトップ・スターとなり、『熱いトタン屋根の猫』『去年の夏突然に』で実力派としても認められる。『バターフィールド8』『ヴァージニア・ウルフなんかこわくない』で二度アカデミー主演女優賞を受賞。

[11] **『ジャイアンツ』**(1956)――監督=ジョージ・スティーヴンス。主演=エリザベス・テイラー(レズリー)、ロック・ハドソン(ジョーダン)、ジェームズ・ディーン(ジェット)。テキサスの大牧場主ジョーダンは東部から裕福な娘レズリーを嫁に迎え入れる。牧童のジェットはレズリーに恋心を抱く一方で、小さな農地を担保に石油採掘を始める。富と名声をめぐる光芒と、アメリカン・ドリームのなれの果てを描いた大作ドラマ。ジョージ・スティーヴンスに再びアカデミー監督賞をもたらした作品でもある。

[12] **『この愛にすべてを』**(1971)――監督=ジョージ・スティーヴンス。主演=エリザベス・テイラー(フラン)、ウォーレン・ベイティ(ジョー)。コーラスガールのフランとピアノ弾きの賭博師ジョーの物語。ラスベガスを舞台に、真実の愛とギャンブルをめぐる切ない物語が展開される。監督の遺作となった作品。

[13] **ジョージ・スティーヴンス**(1904-1975)――戦前はコメディに手腕を発揮したが、1948年の『ママの想い出』以降、家

族を見つめた誠実な作品を多く手がける。『シェーン』『アンネの日記』『偉大な生涯の物語』などヒューマニスティックな作品を好んで作った。時間と予算を惜しみなく使うことから、完璧主義者と映画会社に恐れられた。

[14] **『サイコ』**(1960)――監督＝アルフレッド・ヒッチコック。主演＝ジャネット・リー(マリオン)、アンソニー・パーキンス(ノーマン)。会社のカネを持ち逃げしたマリオンはモーテルに逃げ込むが、そこはノーマンというエキセントリックな青年が切り盛りする寂れた場所だった。精神異常者による殺人を鮮烈に描いた最初の作品で、浴槽での殺害シーンでは、血液まじりのシャワー水が渦巻き状にしたたり落ちる排水口から、死んだマリオンの瞳にオーバーラップされるという息をのむディテール・ショットの連鎖が見られる。製作にまつわる数々のエピソードをもとに、2012年に異色の伝記映画『ヒッチコック』(アンソニー・ホプキンス主演)が作られた。

[15] **サム・ペキンパー**(1925-1984)――「バイオレンスの巨匠」「最後の西部劇作家」と呼ばれる映画監督。『ワイルドバンチ』で独自の美学を築き、『わらの犬』『ガルシアの首』『戦争のはらわた』で破滅に突き進む男の生き様を鮮烈に描いた。

●第4回｜編集

[1] **ミケランジェロ・アントニオーニ**(1912-2007)――既存の物語構造を否定し、不確かな日常を描くことで、人間存在の儚さを映画に定着させた監督。『情事』『夜』『太陽はひとりぼっち』は「愛の不毛3部作」として知られている。カンヌ、ベネチア、ベルリンの三大映画祭で最高賞を受賞した希有な人物でもある。

[2] **『鳥』**(1963)――監督＝アルフレッド・ヒッチコック。主演＝ティッピ・ヘドレン(メラニー)、ロッド・テイラー(ミッチ)。サンフランシスコ近郊の港町に鳥の大群が押し寄せ、人間を襲撃する。のちに作られる動物パニック映画の原点となった作品。

[3] **マイケル・ベイ**(1965-)――CMディレクターとして頭角を現し、1995年『バッドボーイズ』で監督デビュー。『アルマ

ゲドン』『パール・ハーバー』『トランスフォーマー』など数々のメガ・ヒット作を手がける。

[4] **コーエン兄弟**――ジョエル(1954-)とイーサン(1957-)の兄弟からなる映画監督・脚本家。2003年までに撮られた映画では「監督ジョエル・コーエン、製作イーサン・コーエン」とクレジットされていたが、実際には2人の共同監督であり、以後の作品は両者の連名で発表されている。2007年『ノーカントリー』でアカデミー作品賞、監督賞、脚本賞を受賞。

[5] **ジャック・ニコルソン**(1937-)――『カッコーの巣の上で』『恋愛小説家』でアカデミー主演男優賞。『愛と追憶の日々』で同助演男優賞。50年のキャリアを誇り、各年代ごとに著名な代表作をもつ。

[6] **フェイ・ダナウェイ**(1941-)――『ネットワーク』でアカデミー主演女優賞。『俺たちに明日はない』『華麗なる賭け』『バーフライ』などの作品がある。

[7] **ジーン・ハックマン**(1930-)――『フレンチコネクション』でタフガイなポパイ警部を演じアカデミー主演男優賞。『許されざる者』で残忍な保安官を演じ同助演男優賞を受賞。2003年に映画界を引退した。

[8] **ロシア人の監督たち**――1920年代にレフ・クレショフ、セルゲイ・エイゼンシュタイン、フセヴォロド・プドフキン、ジガ・ヴェルトフがショットとショットを結合させることで、新たな意味や観念を作りだせることに気づき、多大な業績を残した。『戦艦ポチョムキン』のエイゼンシュタインは、モンタージュ(=編集)理論を体系化した本を書いている。

[9] **殺される農民と死にゆく牛をカットバックで繰り返す**――エイゼンシュタイン監督『ストライキ』(1924)の有名なカットバックを語っている。この手法は『地獄の黙示録』のクライマックスでも用いられている。

[10] **『アルゴ』**(2012)――監督=ベン・アフレック。主演=ベン・アフレック(トニー)、アラン・アーキン(レスター)。イラン革命最中の1979年、テヘランのアメリカ大使館が占拠され、6名の外交官がカナダ大使の邸宅に逃げ込む。CIAのトニーは彼らを救出するため、映画製作者のレスターに協力を依頼し、架空の映画の撮影クルーに成りすまして現地に乗

り込む。アカデミー作品賞、脚色賞、編集賞を受賞。

●第5回｜音響効果

[1] **グロリア・スワンソン**(1899-1983)——主にサイレント期に活躍した大女優。『サンセット大通り』で16年振りに映画に出演して話題になった。

[2] **『戦火の馬』**(2011)——監督＝スティーヴン・スピルバーグ。主演＝ジェレミー・アーヴァイン(アルバート)、エミリー・ワトソン(ローズ)。イギリスの貧しい小作農の家に生まれたアルバートと一頭のサラブレット、ジョーイの絆を通して、戦争の悲惨と家族の愛情の素晴らしさを訴えた作品。音楽は『ジョーズ』以来、スピルバーグ監督とタッグを組み、『スター・ウォーズ』シリーズも手がけたジョン・ウィリアムズが担当。

[3] **フランシス・フォード・コッポラ**(1939-)——B級映画の帝王ロジャー・コーマンのもとで修業し、『雨の中の女』で監督デビュー。1972年、大作『ゴッドファーザー』をパラマウントから委ねられ、見事に大役を果たす。私財を投げ打って作った『地獄の黙示録』以降は青春映画を多く手がけ、近年は低予算で文学性の強い作品を作っている。

[4] **『地獄の黙示録』**(1979)——監督＝フランシス・フォード・コッポラ。主演＝マーロン・ブランド(カーツ大佐)、マーティン・シーン(ウィラード大尉)。ウィラード大尉は軍を離れ、カンボジアの奥地で王国を建設したカーツ大尉の暗殺を命令されるが、旅の途中で狂気にも似た数々の事態に遭遇する。ジョゼフ・コンラッドの小説『闇の奥』を、ベトナム戦争を舞台に翻案した大作映画。撮影中、様々なトラブルに見舞われて、莫大な製作費がかかる羽目になり完成が危ぶまれた逸話がある。アカデミー撮影賞、音響賞を受賞。

[5] **ウォルター・マーチ**(1943-)——映画編集者。サウンド・デザイナー。コッポラ作品を多く手がけ、『地獄の黙示録』で

はマルチトラックによるサウンドトラック製作の先鞭をつけ、アカデミー音響賞を受賞。『イングリッシュ・ペイシェント』では、アカデミー編集賞と音響賞に輝いた。著書に『映画の瞬き』(フィルムアート社)、『映画もまた編集である』(共著・みすず書房)がある。

[6] **『ザ・ミュージック・マン』**(1962)――監督=モートン・ダコスタ。主演=ロバート・プレストン(ハロルド)、シャーリー・ジョーンズ(マリアン)。田舎町にやってきた詐欺師ハロルドと彼を疑う図書館員マリアンの恋の顛末を描いたブロードウェイ・ミュージカルの映画化作品。アカデミー音楽賞受賞。

[7] **ロバート・ワイズ**(1914-2005)――音響技師、編集者とキャリアを重ね、1944年『キャット・ピープルの呪い』で監督デビュー。ホラー、SF、ミュージカル、パニック物など様々なジャンルの映画を手がけた。名作『市民ケーン』の編集を担当したことでも知られる。

[8] **『ウエストサイド物語』**(1961)――監督=ジェームス・ロビンス、ロバート・ワイズ。主演=ナタリー・ウッド(マリア)、リチャード・ベイマー(トニー)、ジョージ・チャキリス(ベルナルド)。シェークスピアの『ロミオとジュリエット』をニューヨークの非行少年グループの抗争に翻案したブロードウェイ・ミュージカルの映画化。アカデミー賞では作品賞、監督賞、衣装デザイン賞など十部門を独占した。高名な指揮者レナード・バーンスタインが作曲を手がけている。

[9] **ジュリー・アンドリュース**(1935-)――舞台版『マイ・フェア・レディ』で人気を博す。『メリー・ポピンズ』でアカデミー主演女優賞を受賞。監督のブレイク・エドワーズとはおしどり夫婦で知られ、『テン』を始めとする作品に出演した。

[10] **カレル・ライス**(1926-2002)――戦後、英国で起きたフリー・シネマ運動の一翼を担った監督。『土曜の夜と日曜の朝』で名声を高め、『裸足のイサドラ』『フランス軍中尉の女』などの作品を残した。

[11] **『土曜の夜と日曜の朝』**(1960)――監督=カレル・ライス。主演=アルバート・フィニー(アーサー)、シャーリー・アン・フィールド(ドリーン)。ノッティンガムの若い旋盤工アーサーは親友の妻と情事に溺れる一方で、パブで知り合った少女ドリー

ンに惹かれる。「怒れる若者」世代を代表する作家アラン・シリトーの小説を映画化した作品。

[12] **スタンリー・キューブリック**(1928-1999)——28歳で完成させた『現金に体を張れ』が認められる。その後、『博士の異常な愛情』『2001年宇宙の旅』『時計じかけのオレンジ』『アイズ・ワイド・シャット』など、数々の話題作を手がける。完璧主義者として恐れられ、製作現場から海外の配給先における広告文まで、映画に関するあらゆる事柄をコントロールしようとした。

[13] **『博士の異常な愛情』**(1964)——監督＝スタンリー・キューブリック。主演＝ピーター・セラーズ(ストレンジラヴ博士／マンドレーク大佐／マフリー大統領)。米軍の司令官が精神異常を来たし、ソ連への核攻撃を司令したまま立てこもる。米ソ両国の首脳は対策を協議するが……。製作当時の緊迫した政治状況を諷刺したブラック・コメディ。主役のセラーズが一人三役をこなしている。正式な題名は、『博士の異常な愛情——または私は如何に心配するのを止めて水爆を愛するようになったか』。

[14] **ヴェラ・リン**(1917-)——英国の女性歌手。第2次世界大戦中、英国軍が戦っていた遠い外地で慰問コンサートを行い、「軍隊の恋人」と称された。いまなお、「20世紀の精神を体現した人物」と敬愛を集める。

[15] **2つの対立する音が重ねられている**——市販のソフトを見る限り、実際の映画では曲に合わせて原爆の映像が流れるだけで、爆発音は収録されていない。教授の記憶違いによる発言と思われる。

[16] **ジョン・ウィリアムズ**(1932-)『スター・ウォーズ』『ハリー・ポッター』などの人気シリーズを手がけた作曲家。スピルバーグ監督のほぼ全ての作品で音楽を手がけている。『ジョーズ』『スター・ウォーズ』『E.T.』『シンドラーのリスト』でアカデミー作曲賞に輝く。

[17] **スティーヴン・スピルバーグ**(1932-)——1971年、テレビ・ムービーの『激突！』で評価される(日本では劇場公開された)。1975年、『ジョーズ』の監督に抜擢される。数々のトラブルに見舞われ、予算と日数が大幅に超過する過酷な現場

だったが、映画は大ヒットした。以後、才能溢れるフィルムメーカーとして、『レイダース／失われたアーク』『E.T.』など数々のヒット作を手がける。『シンドラーのリスト』でアカデミー作品賞、監督賞など七部門を受賞。『プライベート・ライアン』で再びアカデミー監督賞など五部門に輝いた。

[18] **『ローズ・マリイ』**(1936)——監督＝W・S・ヴァン・ダイク。主演＝ジャネット・マクドナルド(マリー)、ネルソン・エディ(ブルース)。1920–30年代に多く作られたオペレッタ風ミュージカルのひとつ。歌手のマリーは脱獄した弟を追ってカナダの山奥に行くが、有り金を奪われて困っているところを、騎馬警官のブルースに救われる。戦前の名花ジャネット・マクドナルドの代表作。

[19] **ジャネット・マクドナルド**(1903-1965)——エルンスト・ルビッチ監督のシネ・オペレッタ『ラヴ・パレイド』に主演し、一世を風靡する。『今度は愛して頂戴ナ』『メリィ・ウイドウ』などでも美声を響かせ、1930–40年代にかけて大活躍した。

[20] **『スター・ウォーズ』**(1977)——監督＝ジョージ・ルーカス。主演＝マーク・ハミル(ルーク)、キャリー・フィッシャー(レイア姫)、ハリソン・フォード(ハン・ソロ)。大ヒットSFシリーズのいちばん最初に作られた作品。その後、前後する物語が作られるにあたって、現在では『スター・ウォーズ／エピソード4——新たなる希望』が正式な題名となっている。アカデミー賞では編集賞、作曲賞、美術賞など7部門で栄誉に輝いた。

[21] **『アンナ・カレニナ』**(1935)——監督＝クレランス・ブラウン。主演＝グレタ・ガルボ(アンナ)、フレデリック・マーチ(ヴロンスキー伯爵)、ベイジル・ラスボーン(カレーニン)。トルストイの名作小説『アンナ・カレーニナ』を映画化した作品。政府高官の妻アンナは若い将校ヴロンスキー伯爵に惹かれて関係をもつが、社交界から締め出され、伯爵とも気持ちのずれが生じて鉄道自殺を遂げる。

[22] **グレタ・ガルボ**(1905-1990)——サイレント時代からトーキー初期にかけて活躍した伝説の女優。母国スウェーデンで出演した作品が認められ、1925年ハリウッドに招かれる。『肉体の悪魔』で人気を確立し、『椿姫』『ニノチカ』

などの代表作に出演した。35歳で映画界を引退し、隠棲生活をおくった。

[23] **サウンドミックスの優先順位**――実際にはロマンティックな音楽はなく、蹄の音と共に走る馬の映像が流れる。ここはキャスパー教授の記憶違いではないかと思われる。

[24] **ヘンリー・マンシーニ**(1924-1994)――ハリウッドを代表する映画音楽作曲家。洒脱で親しみやすいメロディーを得意とし、『ティファニーで朝食を』『シャレード』『いつも2人で』など、1960年代にはオードリー・ヘプバーンの主演作に多く起用された。『ピンク・パンサー』シリーズや『テン』など、ブレイク・エドワーズ監督とのコラボレーションは30作にのぼる。

[25] **「ムーン・リバー」**――ヘンリー・マンシーニ作曲、ジョニー・マーサー作詞の主題歌。劇中、オードリー・ヘプバーンがギターをつま弾きながら歌った。

[26] **ジョージ・ペパード**(1928-1994)――『ティファニーで朝食を』で若い作家を好演。その後、『西部開拓史』『大いなる野望』に主演し、スターの道を歩む。TVの人気シリーズ『特攻野郎 Aチーム』でも人気を博した。

[27] **『2001年宇宙の旅』**(1968)――監督=スタンリー・キューブリック。主演=キア・デュリア(ボーマン船長)。宇宙船ディスカバリー号を司る人工知能HAL9000の反乱を描いたSF映画。謎の物体モノリスが現れ、猿が武器を使い始める有史以前の光景からボーマン船長が老衰死する未来まで、哲学的内容に満たされている。未来のパートに移る場面で、リヒャルト・シュトラウスの「美しく青きドナウ」が流れ、二隻の宇宙船がワルツを踊るように宇宙空間に漂う。

[28] **フレッド・アステア**(1899-1987)――ミュージカル映画を代表する不世出のスター。トップハットに燕尾服、蝶ネクタイという出で立ちで、1930-50年代に作られた数々の作品に出演。エレガントに歌い踊る姿で一世を風靡した。代表作に『踊らん哉』『イースター・パレード』『バンドワゴン』などがある。

[29] **ジーン・ケリー**(1912-1996)――アステアと共に、ハリウッド黄金期のミュージカル映画を担ったスター。『踊る大紐育』

『巴里のアメリカ人』『雨に唄えば』が代表作。振付け師、監督としても活躍した。

[30] **ジェームズ・スチュアート**(1908-1997)——映画の黄金期を代表する名優。ヒューマニズム溢れる明朗な役柄で人気を博す一方、一見心の中で何を考えているのかわからない人物を演じてキャリアを広げた。代表作に『フィラデルフィア物語』(アカデミー主演男優賞)『素晴らしき哉人生』『ハーヴェイ』など。ヒッチコックのお気に入りで、『裏窓』『めまい』など四本の映画で主演した。

[31] **ドリス・デイ**(1922-)——22歳のとき、「センチメンタル・ジャーニー」を吹き込み、ヒットを記録。のちに映画会社と契約し、女優・歌手として活躍した。代表作に『カラミティ・ジェーン』『知りすぎていた男』『パジャマゲーム』などがある。

[32] **「ケ・セラ・セラ」**——「モナリザ」で知られるジェイ・リヴィングストンとレイ・エバンズの作曲作詞コンビが手がけた挿入歌。全米チャート二位まで駆け上がった。もうひとつの曲とは、同じコンビによる「ウィル・ラヴ・アゲイン」。

ドリュー・キャスパー
Drew Casper

1972年から南カリフォルニア大学（USC）映画芸術学部の教壇に立つ。数多くの学生をハリウッドの映画産業に送り出してきた。映画製作を目指す学生に一から基礎を教える「映画論入門」の授業はUSCで一番の人気講義。役者顔負けの派手なパフォーマンスとアイロニーが効いたユーモアで教室は笑いに包まれる。戦後のハリウッド映画を専門とする映画評論家でもある。中でもヒッチコックについてはアメリカを代表する研究者として著名。大学での映画製作者の育成の傍ら、解説者／コメンテーターとしてテレビや映画DVDなど様々なメディアに多く出演している。ヒッチコック、ビンセント・ミネリ、スタンリー・ドーネン等、巨匠監督についての著書や、ハリウッドの歴史を体系的にまとめた"Postwar Hollywood: 1946-1962"、"Hollywood Film 1963-1976: Years of Revolution and Reaction"など著書多数。

ハリウッド白熱教室《はくねつきょうしつ》

2015年1月30日 第1刷発行

著者 ドリュー・キャスパー＋NHK「ハリウッド白熱教室《はくねつきょうしつ》」制作班《せいさくはん》
発行者 佐藤靖
発行所 大和《だいわ》書房｜東京都文京区関口一-三三-四｜Tel. 03-3203-4511
デザイン 刈谷悠三＋西村祐一／neucitora
編集協力 赤塚成人
本文印刷 歩プロセス
カバー印刷 歩プロセス
製本所 ナショナル製本

 ｜ISBN 978-4-479-79449-3｜